Das Griechische Kochbuch

Das Griechische Kochbuch

von
Kiriaki Dimitriadou-Koch
Alexander Aspropoulos

KOMET

Umschlaggestaltung: Peter Mebus für agilmedien, Köln
Satz: Marion Haimel, Köln
Foodfotos: Paul LeClaire, Köln/Landschaftsfotos: Kiriaki Dimitriadou-Koch
Texte: Kiriaki Dimitriadou-Koch/Alexander Aspropoulos/Dr. Michael Vonau
Gesamtherstellung: Komet Verlag GmbH, Köln
www.komet-verlag.de

ISBN 3-89836-230-2

Inhalt

Die Götter Griechenlands

VOLLBLÜHENDER MOND! IN DEINEM LICHT,
WIE FLIESSENDES GOLD, ERGLÄNZT DAS MEER;
WIE TAGESKLARHEIT, DOCH DÄMMRIG VERZAUBERT,
LIEGT'S ÜBER DER WEITEN STRANDESFLÄCHE;
UND AM HELLBLAU'N, STERNLOSEN HIMMEL
SCHWEBEN DIE WEISSEN WOLKEN,
WIE KOLOSSALE GÖTTERBILDER
VON LEUCHTENDEM MARMOR.

Heinrich Heine: Buch der Lieder

„KALI OREXI" GRIECHENLAND, DAS LAND FÜR GENIESSER, BITTET ZU TISCH

Welch ein Land! Welch eine Geschichte! Und was für eine Küche!

Griechenland lädt ein. Genießen Sie mit uns Köstlichkeiten, die Träume wachrufen von unvergesslichen Sonnenuntergängen, von Tavernen und vom einfachen Leben.

Das mag klischeehaft klingen, doch wer Griechenland kennt, liebt den Reiz solch ursprünglicher Szenen immer wieder aufs Neue:

Aus einer Taverne dringt Tellergeklapper, und durch enge Gassen huschen Katzen – die streunenden Katzen von Lesbos sind bekannt in aller Welt. Aus einem mit Weinlaub überschatteten Hof dringt der Duft von frisch gegrilltem Fisch, im Kafenion, der griechische Kneipe, sitzen alte Männer, lamentieren, diskutieren oder plaudern über Gott und die Welt – man muss wissen: Im Stammland der Demokratie ist jeder Grieche der geborene Philosoph und Politiker.

DIE KÜCHE DER KÜSTENREGIONEN

Und wer sich als Gast unter die Einheimischen mischt, erlebt auch ländliche Kochtraditionen: An den Küsten und auf den Inseln genießt man Fisch in allen Variationen. Großer Oktopus hängt wie

Wäsche auf Leinen, was mittlerweile offiziell wegen der Geruchsbelästigung verboten ist, aber wen kümmert das. Am Abend brutzelt er schon auf dem Grill. Auf dem Herd dünstet Fisch mit Gemüse. In den Tavernen bereiten Köche die leckeren Mezedes (Vorspeisen) vor, die auf großen Tabletts serviert werden.

Hier ist der Gast König!

DER DUFT AUS DEN BACKÖFEN

Neben Topf und Grill ist der Backofen eines der beliebtesten Hilfsmittel in der griechischen Küche. Früher gab es in den Haushalten keinen eigenen Herd. Man bereitete die Speisen in der heimischen Küche vor und brachte seine Backform zum Bäcker. Der schob die Speisen zum Brot in seinen Backofen und verdiente so ein kleines Zubrot. Im Backofen werden köstlichste Auflaufgerichte gebacken, wie das berühmte Moussaka zum Beispiel. Spinat-Pastete bietet schon morgens der Bäcker als Imbiss an. In einigen Landstrichen des griechischen Festlands, z. B. in Ioannina gibt es sogar spezielle Pasteten-Restaurants.

MARKTBUMMEL

Empfehlenswert ist ein Bummel über den Wochenmarkt oder durch eine der großen Markthallen, die man in Athen, in Thessaloniki oder auf der Insel Kreta findet. Hier lernt man die regionale Küche durch ihre frischen Produkte kennen. Da werden Meeresfrüchte effektvoll mit viel Licht präsentiert. Händler benetzen Salat und wildes Blattgemüse immer mit Wasser, damit deren Frische die Käufer anlockt.

Eng aneinander drängen sich Läden mit Käse und Joghurt, Hülsen- und Trockenfrüchten, mit frisch geröstetem Kaffee, mit Honig, Gewürzen, Kräutern und natürlich Olivenöl, dem flüssigen Gold des Landes.

Wir heißen Sie herzlich willkommen auf unserer kulinarischen Reise durch ein Land, dessen Kochkunst begeistert durch große Vielfalt und edle Größe.

Yassou!

Die
Griechische Küche

Gut griechisch den Tag genießen

Artemidoros steuert den Kohl bei und
   Aristarchos Pökelfleisch,
Zwiebeln besorgt Freund Athenagoras uns,
Doch Philodemos Leber; Ferkelfleisch, ganze
   zwei Zentner,
Apollophanes, und zwei liegen von gestern
   noch da.
Eier und Kränze besorge uns noch, Junge,
   Sandalen und Duftöl
Gleichfalls! Pünktlich um zehn will ich sie
   mitbringen dann.

Philodemos (110–35 v.Chr.)

Für einen Griechen beginnt der Tag mit einem Frühstück, das keines ist: Schnell einen Mokka, ein Wasser, in seltenen Fällen etwas Obst, das war's. Grundsätzlich ändert sich diese kulinarische Zurückhaltung im Laufe des Tages gewaltig. Die Griechen essen gern und recht ausgiebig, überall warten kulinarische Verführungen.

Der Vormittag wird mit einer Koulouri (Sesamkringel) oder einer Pita (gefüllte Blätterteigtasche) bis zum späten Mittagessen überbrückt. Ab 12 Uhr kann man, je nach Landstrich, im Straßenverkauf Gyros, Souvlaki oder frischen gegrillten Fisch kaufen. Die Griechen denken erst ab 14 Uhr an Mittagessen, dafür gibt es Abendessen auch erst ab 22 Uhr.

Wenn Griechen auswärts speisen, dann als „parea", d. h. in Gesellschaft von Freunden oder Familienangehörigen. „Parea" (Gesellschaft) ist für den Griechen lebenswichtig, ohne Gesellschaft lohnt es sich nicht, etwas zu unternehmen. Allein zu leben, ohne Begleitung Urlaub zu machen oder auch nur allein spazieren zu gehen, wird in Griechenland nicht als Zeichen von Selbständigkeit angesehen, sondern von Verzweiflung. In der griechischen Sprache gibt es kein Wort von Zurückgezogenheit. Am nächsten kommt das Wort „Monaksia" (Einsamkeit), welches Mangel und Verlust ausdrückt. Bevor der Massentourismus einsetzte, kam es sogar vor, dass Griechen einen Touristen, den sie allein trafen, aufgriffen und ihm die ganze Gastfreundschaft ihrer Familie entgegenbrachten. Sie nahmen ihn quasi in ihre Familie auf. Er wurde zum Essen eingeladen und musste natürlich auch bei ihnen übernachten.

„Haben Sie parea?" ist heute mehr Angebot („Ich komm' mit") denn eine Frage. Man verabredet sich zu abendlichen Tafelfreuden in einer Taverne. Alles, was dort auf den Tisch kommt, ist für die ganze

Parea (Gesellschaft) bestimmt. Die Atmosphäre ist gelöst und artet zuweilen fast in ein antikes Symposion, ein Gastgelage, aus.

Eine griechische Mahlzeit beginnt immer mit den *Mezedes*, den Vorspeisen. Das ist ein Tisch voll von vielen kleinen Speisen, eine Art Vorspeisenplatte, die je nach Anlass und Landstrich die unterschiedlichsten Köstlichkeiten anbietet. Dazu gehören gefüllte Weinblätter, frittierte Calamares, gebackener Feta, Tzatzíki, Tarama, Auberginencreme, kleine Frikadellen, Schafskäse, Oliven, gegrillte Paprika und vieles mehr. Man reicht zu den *Mezedes* reichlich Weißbrot und trinkt dazu einen Ouzo. Wer diesen leckeren Anis-Schnaps nicht mag, kann auch einen Retsina (Harzwein) oder einen regionalen Wein vom Fass trinken. Griechenland bietet eine große Auswahl an guten Weinen. Immerhin gibt es über 320 griechische Rebsorten, die dem jeweiligen Wein seinen eigenen Charakter verleihen.
Natürlich muss man auch in Griechenland nicht auf sein kühles Bier verzichten. Bereits im 19. Jahrhundert wurde von König Otto, dem Sohn des bayerischen Königs Ludwig I., das deutsche Reinheitsgebot zum Brauen von Bier per Gesetz eingeführt. Ein griechisches Bier sollte man unbedingt probieren.

Für die Freunde vegetarischer Kost bietet die griechische Küche einen wahren Reichtum an fleischlosen Gerichten. Die strengen Fastengebote der orthodoxen Kirche haben zur Entwicklung von wahren Meisterwerken an vegetarischen Genüssen geführt. Besonders hervorzuheben sind hierbei die schmackhaften Gemüseeintöpfe, die Reis- und Nudelgerichte wie „Revithosuppa" (Kichererbsensuppe), „Spanakórizo"(griech. Spinatrissotto), oder Kritháraki (griech. Nudeleintopf).
Die griechische Küche bietet pikante, gut bekömmliche Speisen, die aber nicht scharf gewürzt sind. Die Griechen kochen vorwiegend, wie in den meisten Mittelmeerländern üblich, mit Olivenöl und vielen frischen Kräutern.

Fischgerichte haben in einem Küstenland wie Griechenland eine große Tradition. Die griechische Fischsuppe „Kakavia" oder gegrillter Fisch, in einer Taverne am Meer genossen, sind ein kulinarisches Erlebnis, das man nicht so leicht vergisst.

Am Ende eines Essens in Gesellschaft gibt es immer wieder das gleiche Ritual. Der Kellner macht es sich einfach und offeriert die Rechnung als Gesamtsumme. Es kommt oft vor, dass jemand sich findet, das Ganze zu übernehmen. Diese Großzügigkeit beschämt und entrüstet die anderen und es entsteht ein „Palaver", welches nur mit einem Extra-Ouzo beendet werden kann.
Typisch griechisch!

Ein geselliger Abend ist oft erst weit nach Mitternacht zu Ende.

„Kali Nichta"
Gute Nacht

„Palea Hora" auf Ägina

Griechischer Wein

DER SAFT DER GÖTTER

ZWANGLOSES TRINKEN ERFREUT UNS AM MEISTEN.
ERZWUNGENES ABER
WIRKT ALS BELEIDIGUNG AUF BACCHUS UND ZECHER
ZUGLEICH.
MANCHER VERSCHÜTTET DANN HEIMLICH DEN
REBENSAFT; MANCHEN AUCH FÜHRTE
ABWÄRTS ZUM BITTEREN STROM LETHES DER
WIDRIGE TRUNK.
FORT MIT EUCH, SÄUFER! ICH TRINKE MIT LUST NUR,
SOVIEL ICH VERTRAGE,
JENES HINREICHENDE MASS, DAS MICH MIT FROHSINN
BEGLÜCKT.

Honestos (1. Jhdt. n. Chr.)

Dionysos, später nach seinem römischen Pendant auch Bacchus genannt, der Gott des Weines, wird in Griechenland verehrt. An ihn denken die Weinbauern, wenn sie ihre Reben in der sengenden Sonne pflegen. Und die Ergebnisse sind beachtlich. In den letzten Jahren haben griechische Weine ihr wenig schmeichelhaftes Image verloren. Die Griechen besitzen seit jeher eine große Weintradition, sie sind als große Weinliebhaber bekannt. Touristen kannten lange Zeit überwiegend nur den harzigen Retsina oder die berühmten Demestica-Weine. Doch in den letzten Jahren hat in den Anbaugebieten auf dem Festland, dem Peloponnes und den Inseln eine Neuorientierung stattgefunden. So trägt jetzt die Einführung einer Herkunfts- und Qualitätsbezeichnung und zeitgemäßer Keltertechniken erste Früchte. Man findet heute exzellente Weine, die hervorragend zur griechischen Küche passen.

WEINEMPFEHLUNGEN:

ZU VORSPEISEN:

Zu den *Mezedes* (Vorspeisen) bevorzugt man leichte trockene Weißweine – wie z. B. den *Patras Kouros* von *Kourtaki* oder von *Tsantali* den *Makedonikos Topikos* 1996. Rotweinfreunde sollten unbedingt den *Makedonikos Topikos* 1995 probieren.

ZU PASTETEN & FISCH:

Zu allen Pasteten empfiehlt sich ein trockener fruchtiger Weißwein, wie der *Robola* von den ionischen Inseln oder ein *Meilssanthi* 1991 von den *Côtes de Meliton* im Bereich *Chalkidikes*. Er passt auch zu Fisch, ebenso wie ein sehr trockener, weißer *Santorini*. Oder der *Lac des Roches* vom Peloponnes, beide von Hersteller *Boutari*. Zum Tintenfisch schmeckt ein kretischer Rotwein, z. B. der *Archanes*.

ZU AUFLAUF & FLEISCH:

Rotweine vom Peloponnes trinkt man gerne zu Aufläufen und Fleisch. So den *Nemea* von *Kourtaki*, von *Boutari* den *Achaia Clauss* und die preisgekrönten *Tsantali*-Qualitätsweine *Nernea* 1992 und *Olympos Rapsani* 1993.

ZUM DESSERT:

Schwere und süße *Samos*- und *Mavrodaphne*-Likörweine reicht man gerne zum Dessert. Auch ein *Muscat de Patras* mit seinem fruchtigen Aroma und der kräftigen Säure passt hervorragend zum süßen Abschluss eines griechischen Menüs. Dieser Wein sollte gut gekühlt serviert werden.

Zum Wohl! „Issigian!"

Ohne Öl geht nichts

UND UNVERMISCHT, WIE EINST DER WILDEN
   MUTTER ER
ENTSPRANG, DER ALTEN REBE GLÜHENDER
   PURPURSAFT;
DANN AUCH DES STILLEN, EWIG BLÄTTERGRÜNENDEN
LAUBDUNKLEN ÖLBAUMS MILDE, DUFTIGSÜSSE FRUCHT,
UND BUNTE BLUMEN, KINDER DER VERJÜNGTEN AU.

Aischylos (525–456 v. Chr.)
aus: Die Perser

Griechen kochen einfach und variantenreich. Die Zutaten wechseln je nach Jahreszeit, selten die Arten der Zubereitung, und ganz gleich, ob gebraten, geschmort oder gebacken wird – das heimische Olivenöl fehlt nie.

Die griechische Küche ruht – ähnlich wie die Göttertempel – auf mächtigen Säulen: Knoblauch, Kräuter, Wein, Zitronen und natürlich Olivenöl. Im Süden des Peloponnes hat noch fast jedes Dorf seine eigene Ölmühle.

Obwohl der Olivenbaum nicht gerade zu den Giganten seiner Gattung zählt – er erreicht kaum einmal 20 Meter Höhe – wird er an Symbolkraft und Vielseitigkeit so leicht nicht übertroffen. Der Olivenzweig als Symbol für Frieden trat vom Neubeginn der Menschheit nach der Sinflut seinen Siegeszug um die Welt an. Außerdem zählt die Olive neben Getreide und Wein zu den ältesten landwirtschaftlichen Erzeugnissen. Bereits in der Jungsteinzeit (6500 v. Chr.) würzte der Grieche seine Nahrung aus Rindfleisch, Getreide, Bohnen und Linsen mit den schmackhaften Früchten des wilden Olivenbaums. Die ersten kultivierten Olivenhaine findet man um das Jahr 3500 v. Chr. auf der Insel Kreta, von dort eroberte die ölspendende Frucht das griechische Festland und den Nahen Osten, wo er auf den steinigen und sandigen Böden der Region prächtig gedieh.

Der Anbau von Oliven lohnte sich für Ölbauern und Kaufleute gleichermaßen, selbst der berühmte griechische Philosoph Thales von Milet (625–547 v. Chr.) kam nicht durch seine Geistesfrüchte, sondern durch den Handel mit Olivenöl zu ansehnlichem Reichtum. Und der Bedarf war riesig: Ein gut situierter Bürger der Antike verbrauchte etwa 55 Liter Olivenöl im Jahr: 30 Liter dienten der Körperpflege, 20 Liter der Nahrung, ein halber Liter wurde als Medizin eingenommen und drei Liter erhellten in schmucken Öllampen die Räume.

Selbst der Sport trug zum wachsenden Absatz der Olivenprodukte bei: Der Sieger bei olympischen Spielen durfte als Trophäe nicht nur einen Olivenzweig in Empfang nehmen, als Prämie gab es immerhin noch 140 Amphoren Olivenöl. Das entspricht 3500 Litern des goldenen Saftes, denn bei archäologischen Funden auf gesunkenen Handelsschiffen der Zeit stieß man auf große Mengen von Ölamphoren, von der jede 25 Liter fasste. Der siegreiche Olympionike war auch finanziell ein gemachter Mann, Olivenöl galt gleichzeitig auch als Währung von hohem Tauschwert.

Olivenernte

Tinos

Kleine Genüsse für zwischendurch

Die alten Griechen wussten, dass die kleinen Genüsse ein Leben lebenswert machen. Also erschufen sie den Ouzo, das griechische Nationalgetränk. Dass die Philosophie hier ihren Ursprung hat, erkennt man, wenn man versucht, das griechische Kafenion-Geheimnis zu verstehen.

Ob als Aperitif oder nach dem Essen zur Verdauung, Ouzo, der Nationalschnaps der Griechen, passt immer. Man trinkt ihn im Kafenion zum Mokka, oder zum Essen, mit Eiswasser verdünnt. Dann färbt er sich milchig und wird zu einem angenehmen, erfrischenden Getränk, das alle Gänge begleiten kann.

OUZERIAS

Wie in vielen anderen Weinbaugebieten Europas auch brennt man in Griechenland aus der Maische, die nach dem Zerstampfen und Pressen der Weintrauben zurückbleibt, einen Schnaps – eben Ouzo. Dem Destillat wird Anissamen zugesetzt, der für das charakteristische Aroma sorgt (Alkoholgehalt ca. 40 %). Ouzerias verkaufen verschiedene Marken, teils noch direkt vom Fass. Als Longdrink verdünnt man ihn mit Eiswasser im Verhältnis 1:4.

Wie Ouzo destilliert man vor allem auf Kreta, doch auch in anderen Gebieten, *Raki* oder *Tsipouro*, jedoch ohne Anis, dafür manchmal mit Mastika, einem Baumharz. Fehlt der Wein, brennt man Schnaps einfach aus Feigen.

METAXA ALS DIGESTIF

Der griechische Weinbrand heißt *Metaxa* wie das Familienunternehmen, das diesen beliebten Digestif international bekannt gemacht hat. Die Herstellung ist ein Geheimnis. Es wird von Orangenschalen und getrockneten Aprikosen gemunkelt, die für das weiche und blumige Aroma des Brandys

sorgen. Qualität und Preis richten sich nach der Anzahl der Sterne: drei, fünf – und der teuerste hat sieben.

DER KLEINE KAFFEE – KAFEDÄKI

Beim Bestellen eines *Kafedäki*, eines Kaffees, sollte man das Einmaleins gut beherrschen. Jedes Tässchen wird je nach Geschmack des Gastes individuell aufgebrüht. An die 60 Geschmacksrichtungen kennen Kaffeekundige in Griechenland, jeder Gast hat seine individuelle Kaffeemischung.
Sie ergibt sich aus dem Verhältnis von Kaffee und Zucker, die mit dem Wasser zugleich aufkochen, sowie aus der Kochdauer. Wer Kaffee ohne Zucker wünscht, bestellt *skáto*, mit wenig Zucker *metrio*, süß und lange gekocht *gliko*, mit dickem Schaum *kaimaki* und *chondhroffiltsani*, wenn der Kaffee in einer dickwandigen Tasse serviert werden soll, damit er langsamer abkühlt.

Adriatisches Meer

Ionisches Meer

Bu

Makedonien

Albanien

● Tirana

Griechenland

Thessaloniki ■

Chalkidike

Olymp

At

Larisa ●

Nördliche
Sporaden,

Volos ■

Pindos

Eiböa

Patras ●

Piräus ■ ■ Athen

Peloponnes

Ägina

Serif

Kr

ien

Istanbul

hes Meer

Türkei

laden

elmeer

Iraklion

Griechenland

DIE WIEGE DER EUROPÄISCHEN KULTUR

Griechenland gilt zu Recht als Wiege der abendländischen oder europäischen Kultur. Seine kulturellen Leistungen auf den Gebieten Literatur, Bildhauerkunst und Architektur, die grundlegenden Erkenntnisse in Mathematik und Physik, die Gedankengebäude der großen griechischen Philosophen von Platon bis Aristoteles, nicht zuletzt die Erfindung der Demokratie, der Volksherrschaft – ohne die Errungenschaften der hellenischen Kultur hätte sich Europa sicherlich deutlich anders entwickelt.

Doch eine Frage bleibt: Was ist das eigentlich, Europa? Zweifellos ist es ein griechischer Name. Homer (8. Jhdt. v. Chr.) überliefert den bekannten Mythos von der phönizischen Königstochter Europa. Vom Strand ihrer Heimatstadt Tyros – in der Nähe des heute libanesischen Tripoli – wird sie von Zeus, der sich ihr in Gestalt eines zahmen Stieres nähert, geraubt und übers Meer nach Kreta entführt.

Bereits der griechische Geschichtsschreiber Herodot (484–424 v. Chr.) zweifelt diese Herkunft des Namens für den europäischen Kontinent, wie er der griechischen Antike geläufig war, an. Im 4. Buch seiner Historien macht er sich über die Frage Gedanken: „Aber diese Europa stammt doch aus Asien und ist nie in das Land gekommen, das man heute in Hellas Europa nennt" (Historien, 4/45). Als selbstbewusste Seefahrernation kannten die Griechen drei Kontinente: Libyen, das dem heutigen Nordafrika entspricht, vom Nil bis zum kaukasischen Fluss Phasis (heute: Rioni) erstreckte sich Asien. Die restliche bekannte Welt des westlichen Mittelmeerraumes und darüber hinaus die Länder der Barbaren im Norden nannte man Europa. „Ich kann die Urheber dieser Abgrenzungen nicht in Erfahrung bringen, auch nicht die Personen, nach denen die Erdteile benannt worden sind", fährt Herodot fort. Immerhin erkennt er die Regel, wonach es offenbar immer Frauen waren, die als Namenspatinnen der Kontinente auftraten: Libya, eine Eingeborene Nordafrikas und Asia, die Frau des Prometheus. Doch Europa? Herodot bricht seine Überlegungen mit den Worten ab: „Doch genug davon!"

PRÄHISTORISCHE EPOCHE
(260000–7000 v. Chr.)

Ausgrabungsfunde in der Höhle von Petralona/Chalkidiki bestätigen, dass der Urmensch Feuer anzünden konnte.

JUNGSTEINZEIT
(7000–2800 v. Chr.)

In Makedonien, Thessalien und auf den Kykladen entstehen die ältesten Bauern- und Hirtensiedlungen Europas.

BRONZEZEIT
(2800–1100 v. Chr.)

Auf den Kykladen, auf Kreta und auf dem griechischen Festland entstehen die ältesten europäischen Kulturen: die kykladische, die minoische und die helladische Kultur. Um 2000 v. Chr. dringen Ionier und Achäer nach Griechenland ein und werden sesshaft. Die minoische Kultur erreicht ihre Höhepunkte in der Zeit von 2000–1700 v. Chr. Nach dem Niedergang der minoischen Kultur um 1450 v. Chr. entsteht auf dem Peloponnes in Mykene und Tyrins eine einheitliche Zivilisation, gekennzeichnet durch den Bau von Palästen, Festungsanlagen und gewölbten Königsgräbern. Aus dieser Zeit stammt auch die erste bekannte Form der griechischen Sprache, aufgezeichnet in Linear-B-Schrift.

GEOMETRISCHE &
ARCHAISCHE ZEIT
(7100–500 v. Chr.)

Um 1100 v. Chr. wandern die Dorer ein und zerstören die mykenische Struktur. Im 9. Jahrhundert v. Chr. wird das Alphabet entwickelt, das sich im ganzen griechischen Raum durchsetzt. Im Jahr 776 finden die ersten Olympischen Spiele statt. Zwischen 750 und 700 v. Chr. werden die Dichtungen Homers als griechisches Volksgut überliefert. Am Ende dieser Periode bilden sich zwei Mächte heraus. Sparta, das fast den gesamten Peloponnes beherrscht, und Athen, das sich zur Seemacht entwickelt.

Wandmalerei in einer alten Kapelle

KLASSISCHE ZEIT
(500–323 v. Chr.)

Um 500 v. Chr. wird Griechenland von den Persern bedroht. In den entscheidenden Schlachten 490 v. Chr. bei Marathon, 480 v. Chr. bei Salamis und 479 v. Chr. bei Platäa besiegen die Griechen die Perser. Athen wird zur vorherrschenden Macht Griechenlands. Damit beginnt die Blütezeit der Polis, die Demokratie erreicht unter Perikles ihren Höhepunkt. Spannungen zwischen Athen und Sparta gipfeln im Peloponnesischen Krieg (431–404 v. Chr.). Durch die Schwächung beider Staaten gewinnt Makedonien unter Philipp XI. die Vorherrschaft über die griechischen Städte. Nach der Ermordung Philipps XI. beginnt sein Sohn Alexander den Feldzug gegen das persische Reich, erobert in 13 Jahren den Orient von Ägypten bis Indien und ermöglicht damit die Ausbreitung der griechischen Kultur in der damals bekannten Welt.

HELLENISTISCHE ZEIT
(323–146 v. Chr.)

Nach dem Tod Alexanders des Großen zerfällt sein Imperium in kleine Königreiche. Im Westen Europas entsteht das Römische Reich, das in der Schlacht bei Korinth 146 v. Chr. Griechenland unterwirft. Die Kultur Griechenlands in Gestalt von Philosophie, Dichtung, Wissenschaften, Bildhauer- und Schauspielkunst wird von den Römern aufgenommen (nach Horaz: „Das besiegte Griechenland unterwarf seine Eroberer durch die Hellenisierung des römischen Kaiserreiches").

RÖMISCHE UND
BYZANTINISCHE ZEIT
(146 v. Chr. –1453 n. Chr.)

Griechenland wird unter dem offiziellen römischen Namen „Provinz Achaia" dem Römischen Reich angegliedert. Griechisch bleibt weiterhin die offizielle Landessprache. Unter der Römerherrschaft erleben die griechischen Städte für drei Jahrhunderte nochmals eine Blütezeit. Nach der Teilung des Imperiums 330 n. Chr. in ein West- und ein Oströmisches Reich beginnt in Griechen-

Ikonen–Wandmalerei

22

land die byzantinische Zeit. Neben der Kaiserstadt Konstantinopel ist Thessaloniki zweitwichtigste Stadt dieses Reiches, das geprägt war durch griechische Sprache und Bildung und das Christentum. Athen verliert nach der Schließung seiner Philosophischen Schule 529 seine kulturelle Bedeutung. Nach der Eroberung Konstantinopels im Jahr 1204 durch die Kreuzritter wird das Reich in einzelne Feudalstaaten geteilt. 1261 erfolgt die Rückeroberung Konstantinopels durch die Griechen. Das byzantinische Großreich ist aber finanziell und militärisch so geschwächt, dass es 1453 den Anstürmen der Osmanen nicht standhält. Es beginnt die fast 400 Jahre andauernde Zeit der Fremdherrschaft. Trotz Unterdrückung können sich die Griechen ihre Traditionen und Religion bewahren.

NEUZEIT
(1821 bis heute)

Im Jahr 1814 beginnen die Griechen als erste Nation der Balkanvölker mit der planmäßigen Vorbereitung des Aufstandes gegen die Osmanen, der am 25. März 1821 beginnt.

Der Freiheitskampf der Griechen begeistert auch die Menschen im Ausland, die sich zur philhellenischen Idee bekennen. In der Seeschlacht von Navarino im Jahr 1827 schlagen englische, französische und russische Flottenverbände die türkisch-ägyptische Flotte. Griechenland erhält seine Freiheit und Unabhängigkeit. 1828 wird der Grieche Ioannis Kapodistrias, vorher Außenminister des russischen Zaren, zum ersten Ministerpräsidenten in Griechenland ernannt. Bevor er dem Land eine funktionierende Verwaltung geben kann, fällt er 1831 einem Attentat zum Opfer.

1833 wird Griechenland zum Königreich erklärt und der Wittelsbacher Prinz Otto von Bayern zum König bestimmt. Athen wird 1834 zur neuen Hauptstadt ernannt. 1862 muss Otto abdanken, sein Nachfolger wird der Däne Georg I.

1896 finden die ersten Olympischen Spiele der Neuzeit in Athen statt. 1922 endet der Versuch Griechenlands, die kleinasiatischen Gebiete mit griechischer Bevölkerung zurückzuerobern, mit einer Niederlage. Mehr als zwei Millionen Griechen flüchten ins Mutterland. Die innenpolitischen Spannungen und die häufigen Regierungswechsel erschweren einen kontinuierlichen Aufbau des Landes.

1936 errichtet der General und Politiker Metaxas mit Zustimmung des Königs Georg XI. eine Diktatur. 1940 greift Italien Griechenland an und erleidet eine beschämende Niederlage. 1941 erfolgt der Angriff Deutschlands auf Griechenland mit einer dreijährigen Besatzung. Nach der Befreiung Athens durch die Alliierten bricht 1944 ein Bürgerkrieg aus, der 1949 mit der Niederlage der Kommunisten endet.

1954 wird Konstantinos Karamanlis Regierungschef, 1955 tritt Griechenland der NATO bei. 1964 bildet Georgios Papandreou eine Mehrheitsregierung, nach seinem Rücktritt verstärken sich die innenpolitischen Spannungen.

1967 verhindert ein Militärputsch bereits angesetzte Neuwahlen und beendet die Demokratie. König Konstantin XI. geht ins Exil.

1974 wird die Junta abgesetzt, Konstantinos Karamanlis kehrt aus dem Exil zurück. Griechenland wird präsidiale Republik, die Demokratie ist wiederhergestellt. 1981 wird Griechenland EG-Mitglied. Die sozialistische Partei PASOK unter Andreas Papandreou gewinnt die Wahlen.

1990 Wahlsieg der Nea Demokratia unter Konstantinos Mitsotakis. 1993 übernimmt die PASOK mit Andreas Papandreou wieder die Staatsführung, bis 1996 Konstantinos Simitis das Amt des Ministerpräsidenten übertragen wird. Im Jahr 2000 wird Konstantinos Simitis im Amt bestätigt.

Euripides, Apollon
und die schöne Helena

SPRACHE IM MODERNEN GRIECHENLAND

Ein Griechenlandurlaub kann einen auch heute noch leicht zurück in die goldenen Zeiten der Antike versetzen. Es sind nicht nur die steinernen Zeugnisse, die Tempel, Theater, Statuen und Plätze jener vergangenen Zeit, sondern auch die Töne, die fortleben im modernen Griechenland: „Plato, bring mir mal einen Kaffee!" oder „Apollon, dein Fisch ist auch nicht mehr ganz frisch!" Die Götter, Dichter und Philosophen der Antike feiern eine fröhliche Auferstehung in den Namen von heute. Sokrates als Kafenion-Besitzer, Metzger oder Hotelportier – das Hotel heißt ja auch „Apollon". Und dann die schöne Helena (Eleni) oder Demeter – die Mythologie lebt! Allerdings auch in weniger poetischen Einrichtungen wie Versicherungen, Bildungsstätten, Reisebüros und Industrieprodukten.

Die griechische Sprache lebt aber nicht nur in Griechenland, vom südamerikanischen Feuerland über Hawaii bis nach Kanada, von Grönland über Europa bis ins tiefste Sibirien reichen ihre Einflüsse. Das Griechische des Dichters Homer aus dem 8. Jh. v. Chr. war das erste Alphabet auf europäischem Boden, das Wort „Alphabet" selbst leitet sich ab aus den ersten beiden Buchstaben der griechischen Zeichenfolge: alpha, beta. Später übernahmen die Römer die Lautzeichen der Griechen, verwandelten das Erscheinungsbild ein wenig, und als lateinische Schrift wurde das Alphabet in alle europäischen Sprachen übernommen. Auch die russische Schrift, das kyrillische Alphabet, entwickelte sich direkt aus dem griechischen.

Neben der Schrift leben auch viele Begriffe als Fremdwörter in anderen Sprachen weiter. Gerade die Naturwissenschaften und Künste, die schon im alten Hellas blühten, verdanken dem Griechischen bis heute viel: Physik, Philosophie, Demokratie, Melancholie, Kosmos, Architektur und Athlet sind nur einige Beispiele für geläufige Fremdwörter griechischen Ursprungs im Deutschen.

Das Griechische entwickelte sich in seinem Heimatland auch nach der Antike noch gewaltig, es ist ein genauer Spiegel der wechselvollen Geschichte des Landes. Bei näherer Betrachtung trifft man auch auf die Namen christlich-orthodoxer Heiliger, byzantinischer Kaiser und anderer Gestalten der mittelalterlichen Geschichte. Dennoch kann man aber durchaus behaupten, dass die antiken Orte in ihren Namen die Antike erhalten haben. Sicherlich werden sie anders ausgesprochen und oft auch anders geschrieben als in der Blütezeit von Hellas. So wurde aus *Naupaktos* („Ort des Schiffbaus") Nafpaktos und *Oiniadai* wird heute Iniades genannt. Die antiken Wurzeln sind unverkennbar.

Die Entwicklung vom antiken zum modernen Griechisch ist allerdings durch die Geschichte unterbrochen worden, es liegt in diesem Fall keine direkte Traditionslinie vor. Im 19. Jh. begann eine strukturierte Neubenennung von Orten, Landschaften und Flüssen mit altgriechischen Namen, die bis heute anhält. So hieß die Peloponnes in der Gründerzeit des modernen Staates Hellas *Morea*. Diesen behielt sie bis zum Ende des 19. Jhs. Erst im Rahmen der staatlichen Re-Hellenisierung wurde sie wieder zur Peloponnes (der Insel des Pelops).

Bei Gründung des griechischen Staates zu Beginn des 19. Jh. sprach ein Großteil der Bevölkerung kein Griechisch. Attika war überwiegend von Albanern bewohnt. West- und Nordgriechenland waren slawisch und teilweise auch von türkischer Kultur geprägt. So finden sich im heutigen Griechisch die Spuren einer Vielzahl anderer Sprachen: ein buntes Gemisch aus byzantinisch-griechischen, lateinischen und italienischen, vlachischen, albanischen, slawischen und türkischen Sprachelementen, das sich bis heute erhalten hat.

Im 20. Jh. setzte dann eine flächendeckende Hellenisierung ein und antikebegeisterte Philhellenen begannen Orte und Landschaften umzubenennen. Dies war jedoch kein echtes nationales Geschichtsbewusstsein, sondern der Versuch einer Verleugnung echter multikultureller Vergangenheit. Bis in die 70er-Jahre wurde der griechische Kaffee „kafe turkiko" (türkischer Kaffee) genannt. Heute heißt es strikt „kafe ellinikó" (griechischer Kaffee).

Die Umgangs- und Schriftsprache entwickelte sich aus dem hellenistischen *koiné*. Diese Sprachform war eine Art von Standard-Griechisch, das von gebildeten Kreisen während der gesamten byzantinischen Epoche gesprochen und geschrieben wurde. Während der türkischen Besatzungszeit geriet diese Sprache fast völlig in Vergessenheit. Nur auf Kreta kann man heute noch Elemente dieser alten griechischen Sprachkultur entdecken.

Zum Ende des 18. Jh. versuchten dann Patrioten um den Dichter Rigas Fereos und den Adamandios Koraés, die griechische Sprache wieder zu beleben. Es entwickelten sich zwei Strömungen: auf der einen Seite die Bemühung um eine am Altgriechischen orientierte Kunstsprache für Wissenschaft und Literatur *(katharevousa)*, auf der anderen Seite das Bestreben für eine Volks-Sprache, *dimotikí*, die dem Altgriechischen größtenteils entfremdet ist. So heißt Wein altgriechisch *oinos/inos* und im Volksgriechisch heute *krasí*.

Mittlerweile ist diese „Hochsprache" *(katharevousa)* weitgehend abgeschafft. Die Kontroversen über die beiden Sprachformen wurden dadurch beendet, dass viele Elemente dieser Sprachform in die jetzige Umgangs- und Schriftsprache übernommen wurden. Die heutige griechische Sprache ist eine über die Jahrhunderte gewachsene, aber auch neu entwickelte Sprache mit vielen multikulturellen Elementen.

Erechtheion mit Korenhalle

Eine Literaturgeschichte der antiken Küche Griechenlands

VON DR. MICHAEL VONAU

Ohne Fleisch kein Preis! Was wäre die griechische Küche ohne ihre köstlichen Grill- und Ofengerichte, ohne Lammbraten und Souvlaki, Bivteki und Gyros. In der Antike waren Fleischgerichte allerdings im buchstäblichen Sinn des Wortes eine Götterspeise. Bauern und Sklaven ernährten sich vorwiegend von Getreidegerichten, Aufläufen, Suppen und Brot. Nur der reiche Stadtadel und Fürsten konnten sich die teure Fleischeslust leisten, und die musste man auch noch mit den gestrengen Göttern teilen, wollte man sich die Gunst der Höchsten nicht verscherzen. In diesem Sinn berichtet ein Passage aus den Irrfahrten des Odysseus, einem der ältesten Literaturzeugnisse Griechenlands, von einem Festmahl mit Dankopfer. Das beste Stück, die Lende, war natürlich für die Götter bestimmt, der Mensch musste sich mit den Innereien und einer guten Portion Souvlaki begnügen:

Jene zerteilten das Rind und schnitten, nach dem
Gebrauche,
Eilig die Lenden aus, umwickelten diese mit Fett,
Und bedeckten sie drauf mit rohen Stücken von Fleisch,
Und sie verbrannte der Greis auf dem Scheitholz,
sprengte darüber
Dunkeln Wein; und die Jünglinge umstanden ihn mit
dem Fünfzack.
Als sie die Lenden verbrannt und die Eingeweide
gekostet,
Schnitten sie auch das Übrige klein und steckten's
an Spieße,
Drehten die spitzigen Spieß' in der Hand, und
brieten's mit Vorsicht.

Der Grieche liebt seine Grillgerichte so sehr, dass er das wichtigste Küchenutensil sogar zum Zah-lungsmittel erhob: Obolos, das Wort für den eisernen Bratenspieß, wurde zur feststehenden Währung, sechs solcher Spieße ergaben eine „Hand voll", eine „Drachme".

Wie so oft in der Geschichte ließ aber auch hier die Gegenbewegung nicht lange auf sich warten. Es war der griechische Philosoph und Mathematiker Pythagoras (580–500 v. Chr.) – sein berühmter „Satz" bereitet noch heute vielen Schülern Kopfzerbrechen –, der zum Stammvater des Vegetarismus wurde. Seine strenge stoische Lebenshaltung führte ihn zu der Erkenntnis, dass Fleisch sich nicht von Fleisch ernähren darf. Der römische Dichter Ovid setzt dem philosophischen Fleischverächter in seinen *Metamorphosen* ein Denkmal:

Lasst, ihr Sterblichen, ab durch frevlige Speise
die Leiber
Euch zu entweihn. Feldfrucht ja ist und die
tragenden Äste
Abwärts ziehendes Obst und am Weinstock
schwellende Trauben,
Zarte Gewächs' auch sind und andere, welche
das Feuer
Mild kann machen und weich; und wird euch
nimmer benommen
Labende Milch, noch Seim nach Thymian
duftenden Honigs.
Gaben in Fülle beschert die verschwendende
Erde zu milder
Nahrung und bietet euch Kost, die Blut nicht
heischet und Tötung.
Tiere nur sättigen sich mit Fleisch…
Welch ein vermessenes Tun, im Fleische das
Fleisch zu versenken

Türsturz einer alten griechischen orthodoxen Kapelle

Und den begehrlichen Leib mit verschlungenem Leibe zu mästen
Und mit des Lebenden Tod ein Lebender sich zu erhalten!

Und tatsächlich bietet die griechische Küche auch dem reinen Vegetarier ein reines Elysium: Man denke nur an die köstlichen Vorspeisengerichte – Dolmadakia, Musaka oder die Artischocken Konstantinopler Art. Überhaupt Konstantinopel: Gerade bei den Gemüsegerichten macht sich über die Jahrhunderte ein wachsender Einfluss der kleinasiatisch-türkischen Küche auf die griechische bemerkbar. Köstliche Teigpasteten mit Käsefüllung, reisgefüllte Weinblätter, herrliche Bohnensuppen, all das findet man in der türkischen wie der griechischen Küche gleichermaßen, wobei man nicht vergessen darf, dass sich die griechische Seehandelsmacht schon zu Zeiten Homers an der Mittelmeerküste Kleinasiens mit eigenen Kolonien festgesetzt hatte, wodurch ein kulinarischer Austausch zwischen orientalischer und griechischer Küche möglich war.

Doch auch in Sachen Vegetarismus wurde im alten Griechenland nicht alles so heiß gegessen, wie es gekocht war. Die Griechen erholten sich dank ihres geschliffenen Witzes recht schnell wieder vom grünen Schock, den Pythagoras ihnen versetzt hatte. Ein Scherzgedicht aus der sogenannten Griechischen Anthologie, einer antiken Lyriksammlung, beweist das:
Du bist nicht allein, wenn du alles Lebende verschmähst,
Wir machen's genau so, wer rührt schon lebendige Speise an, Pythagoras?
Aber was wir essen, ward gekocht und gebraten und eingelegt,
Und so lebt es auch nicht mehr!

Aus der
Griechischen Anthologie

Neben den gefüllten Fleisch- und Gemüsetöpfen von Hellas gab es in der Antike noch einen dritten Weg der griechischen Küche: die spartanische Kost, die so sprichwörtlich geworden ist. Die Bewohner der südlichen Peloponneshalbinsel waren das militärische Rückgrat der griechischen Weltmacht, und voller Magen kämpft bekanntlich nicht gerne. Dem griechischen Geschichtsschreiber Plutarch (46–120) verdanken wir die eindringlichsten Schilderungen der Lebensumstände im alten Sparta, so auch die Geschichte von der Schwarzen Brühe:

Äußerst beliebt unter den Spartanern war die sogenannte Schwarze Brühe, die älteren Männer rührten sogar nicht einmal mehr Fleisch an und gaben es den jüngeren Männern, wenn die Schwarze Brühe auf dem Speisezettel stand. Es wird eine alte Geschichte erzählt, dass Dionysius, der Tyrann von Sizilien, sich einst einen Koch aus Sparta als Sklave zugelegt habe, nur um in das Geheimnis der Suppe eingeweiht zu werden. Er schickte den Koch los, das Geheimrezept zuzubereiten, koste es, was es wolle. Als der König einen Löffel Suppe gekostet hatte, spuckte er voller Entsetzen wieder aus. Der Koch erklärte seinem Herrn: „Oh mein König, man braucht eine spartanische Erziehung und man muss im Fluss Eurotas gebadet haben, wenn man diese Brühe genießen will.

Plutarch (46–120):
Die alten Gebräuche der Spartaner (Moralia)

König Dionysius von Sizilien kann sich glücklich schätzen, dass er keine spartanische Erziehung genossen hat. Es ist wieder Plutarch, der mit dem verwunderten Blick des gebildeten Hellenen auf die archaischen Sitten der griechischen Vorzeit im alten Sparta zurückblickt:
All ihre Erziehung zielte auf schlichten Gehorsam, Ausdauer und auf Sieg und Tod in der Schlacht…
Die jungen Männer schliefen – zusammengepfercht nach den Regeln von Unterordnung und Gemeinschaft – auf Gestellen, die sie sich selbst aus Schilfrohren vom Ufer des Eurotas ohne jegliches Handwerkszeug nur mit ihren Händen gezimmert haben. Im Winter bedeckten sie sich nur mit wärmenden Blättern…
Die Jungen stehlen sich ihr Essen, so gut sie können,

gegenseitig, besonders von Mitschülern, die schlafen oder unaufmerksam sind. Wenn sie erwischt werden, hagelt es zur Strafe Schläge und den Entzug ihrer Essensration. Was ihnen ansonsten an Mahlzeiten zugestanden wird, ist mager. Sie sind gezwungen, sich ihre Nahrung selbst zu besorgen, um so durchsetzungsstark und skrupellos zu werden…
Es gab Gründe für diese Hungerdiät. Die Jugend sollte sich nicht daran gewöhnen, satt zu sein, sondern auch mit leerem Magen ihre Pflicht erfüllen.
Die Spartaner dachten, dass die Jugend so im Krieg besser zu gebrauchen sei, wenn sie ohne Essen auskäme.

Plutarch (46–120):
Die alten Gebräuche der Spartaner (Moralia)

Zum Glück bieten sich Ihnen auf den restlichen Seiten dieses Buches nicht die Höhepunkte der spartanischen Küche, die sich leicht auf wenigen Seiten präsentieren ließen. Nach den Entbehrungen Spartas können Sie sich nun getrost auf eine Fülle an köstlichen Rezepten aus der griechischen Küche freuen.

Griechisches Osterfest auf Ägina

Griechische Ostern auf der Insel Ägina

„HRISTOS ANESTI"

(erzählt von Kiraki Dimitriadou)

„ALS MEHRERE FRAUEN ZUM GRAB JESU KAMEN, UM DEN LEICHNAM REIN ZU WASCHEN UND MIT DUFTÖLEN ZU SALBEN, WAR DAS GRAB LEER. EIN ENGEL ERSCHIEN UND ERZÄHLTE IHNEN VON DER AUFERSTEHUNG DES HERRN. GANZ AUFGEREGT LIEFEN DIE FRAUEN NACH HAUSE UND ERZÄHLTEN ALLEN, DIE IHNEN AUF DEM WEG BEGEGNETEN, VON DER AUFERSTEHUNG JESU.
EINE ALTE BAUERSFRAU, DIE GERADE AUS DEM HÜHNERSTALL KAM, HÖRTE DAVON UND SAGTE UNGLÄUBIG: ‚WENN DAS STIMMT, DANN SOLLEN DIE WEISSEN EIER IN MEINER SCHÜRZE ROT WERDEN.'
DIE EIER WURDEN ROT."

Eines der wichtigsten und schönsten Feste in Griechenland ist das Osterfest. Der Termin wird, anders als bei den Westkirchen, nach dem Julianischen Kalender festgelegt und weicht teilweise beträchtlich von diesen ab.

Während der Karwoche verlassen viele Griechen die Großstädte, um das Fest ganz traditionell mit Verwandten und Freunden auf dem Land zu feiern. Zu dieser Jahreszeit duftet es überall nach Frühling.

Jeden Abend finden Messen statt, in denen die jahrhundertealten Hymnen der griechisch-orthodoxen Kirche zelebriert werden. Die schönsten Psalmgesänge kann man am Gründonnerstag hören. Am Karfreitag ziehen Trauerprozessionen mit dem blumengeschmückten symbolischen Grab Christi, „Epitaph", durch die Gemeinden. Der Höhepunkt ist die Auferstehungsmesse am Ostersamstag kurz vor Mitternacht. Am Ostersonntag schwebt ein anregender Geruch von gegrilltem Lammfleisch durch die Gärten. Die Familien treffen sich und feiern mit roten Eiern und einem Grillfest Ostern.

Erleben Sie im Folgenden ein original griechisches Osterfest auf der Insel Ägina mit Kiriaki Dimitriadou, ihrer Familie und ihren Freunden.

DIE KARWOCHE

In der Karwoche haben die fleißigen griechischen Hausfrauen eine Menge Arbeit. Die Vorbereitungen zum großen Fest laufen auf Hochtouren. Das Haus wird geputzt, auf Hochglanz gebracht und mit vielen selbstgehäkelten Deckchen dekoriert. Vielfach werden zu dieser Zeit Häuser, Kapellen und Mauern, auf manchen Inseln auch die

Die Osterzöpfe werden vor dem Backen mit Sesam bestreut.

Noch einmal mit Eigelb bepinseln und dann in den Backofen.

Fugen der Gehwege, in leuchtendem Weiß neu angestrichen.

Gründonnerstag, im griechischen heißt er „Roter Donnerstag". Heute färbe ich erst die Eier nach alter Tradition in Rot. Ich habe absichtlich nur weiße Eier gekauft, damit die Farbe besonders schön leuchtet.
In der Karwoche sind die Kirchen zur Abendmesse sehr gut besucht. Am Karfreitag wird in der Dorfkirche das Epitaph geschmückt. Das Epitaph symbolisiert das Grab Christi, und jede Kirchengemeinde hat den Ehrgeiz, das schönste von allen herzurichten.
Am Abend werden in Ägina-Stadt (auf der Insel Ägina) die „Epitaphe" der verschiedenen Kirchengemeinden in einzelnen Prozessionen zum

Hafen getragen. Dort wird eine kurze, gemeinsame Messe abgehalten. Anschließend werden die Epitaphe wieder in die verschiedenen Kirchen zurückgebracht. Einzelne Gemeindemitglieder halten sogar die ganze Nacht Totenwache am Epitaph und singen Klagelieder dazu.

Morgens setze ich zunächst den Hefeteig für die Hefezöpfe *(Tzorekia)* an. Früher machte jede Familie ihre Tzorekia selbst. Dabei wurden aus dem Teig Zöpfe, Körbchen und Nester geformt, die vor dem Backen mit rot gefärbten, hart gekochten Eiern und geschälten Mandeln verziert wurden. In anderen Gegenden Griechenlands werden stattdessen Osterbrote gebacken und mit kunstvollen Ornamenten geschmückt. Meine Freundin Ulrike hilft mir beim anstrengenden Kneten des Teiges.

Am Ostersonntag wird die Gesellschaft aus Freunden und der Familie diesmal aus ca. 20 Personen bestehen, da gibt es einiges vorzubereiten: Ein Lamm haben wir schon am Anfang der Woche bestellt, Onkel Janni und seine Familie bringen eine Ziege mit, und Labros wird wieder seine Spezialität, ein *Kokoretsi*, kreieren.
Ein Kokoretsi besteht aus in Scheiben geschnittenen Lamm-Innereien, die auf einen langen Metallspieß aufgespießt werden. Man nimmt dazu Leber, Niere und Lunge, die mit Salz, Pfeffer und Oregano gewürzt werden. Dann wird das Ganze mit zuvor sehr gründlich gewaschenem Lamm-Darm fest umwickelt. Der Spieß wird über Holzkohle langsam kross gegrillt. Je nach Größe dauert das Grillen 1–2 Stunden.

DER OSTERSAMSTAG

Ostersamstag, „Megalo Sawato", muss das Lamm vom Metzger abgeholt werden. Unser Freund Peter erledigt das in griechischer Art und transportiert mit dem Moped das Lamm unseren Berg hinauf. Den Rest der Einkäufe (für die Ostersuppe: Majiritsa und Salate) erledige ich zusammen mit meinem Mann am schwimmenden Gemüsestand im Hafen von Ägina-Stadt.

Nach dem Backen werden die duftenden Hefezöpfe zum Abkühlen in den Schatten gestellt.

Jetzt wird die *Majiritsa* (Ostersuppe) gekocht. Diese Suppe ist das Erste, das nach dem Ende der Fastenzeit und nach der Auferstehungsmesse in der Nacht von Ostersamstag auf Ostersonntag gegessen wird.

Onkel Janni und Nikos kommen am Nachmittag und bringen die Ziege mit, um sie auf dem ca. 2 m langen Spieß zu befestigen. Für diese Arbeit braucht man langjährige Erfahrung. Sie muss sehr gewissenhaft durchgeführt werden, weil sonst die Gefahr besteht, dass sich später während des ca. 3-stündigen Drehens das Tier vom Spieß löst und durchbricht:

Der Spieß wird von hinten an der Wirbelsäule entlang nach vorn durchgeschoben. Die Spitze wird durch den Kopf hindurch geschlagen, und die beiden kleinen Seitenspieße werden am hinteren Ende fest in die Keulen getrieben.

Mit einem verzinkten, etwas dickeren Draht bindet man die Vorderbeine nach vorne dicht am Brustkorb zusammen. Dann wird das Rückgrat des Tieres ebenfalls mit Draht an ca. 5–6 Stellen sehr eng an den Spieß herangezogen und fixiert. Die Ziege wird dann innen kräftig mit Salz und Pfeffer gewürzt und die Bauchdecke mit einem Draht zugenäht. Jetzt wird auch von außen kräftig gewürzt. Der Spieß wird in Plastikfolie verpackt und bis zum nächsten Morgen an einem kühlen Ort aufbewahrt.

Anschließend wird das Lamm auf die gleiche Art und Weise am Spieß befestigt.

Es ist jetzt alles für das große Fest am Ostersonntag vorbereitet. Jetzt wird noch der Tisch für das Essen in der Osternacht, nach der Messe, gedeckt. Die Majiritsa ist fertig, später wird sie nur noch aufgewärmt und die Eier-Zitronen-Soße hineingerührt.

Als Kind wurde ich zu Ostern von meinen Eltern immer mit neuer Kleidung beschenkt. Paten schenken ihren Patenkindern eine Osterkerze für die Auferstehungsmesse.

Gegen 23 Uhr gehen wir mit weißen Kerzen und roten Eiern ausgerüstet zu unserer kleinen Dorfkirche. Dort treffen wir Freunde und Nachbarn. Die Kirche ist schon ganz gefüllt, und mindestens noch einmal so viele Menschen versammeln sich auf dem kleinen Vorplatz.

Alle können es kaum erwarten, dass das heilige Licht aus dem Inneren der Kirche nach außen getragen wird. Dort verbreitet es sich, indem es weitergereicht wird, wie eine Welle von Kerze zu Kerze. Die Liturgie wird unter freiem Himmel fortgesetzt und erreicht ihren Höhepunkt, wenn der Pope um Mitternacht das „Hristos anesti" („Christus ist auferstanden") verkündet.

Sobald der Pope dies ausgesprochen hat, fallen sich die Menschen in die Arme, küssen sich und wiederholen „Hristos anesti", worauf „Alithos anesti" („Wahrlich, er ist auferstanden") erwidert wird.

Die Glocken läuten, ein Feuerwerk wird abgebrannt und Knallkörper explodieren. Die roten Eier werden aus den Taschen geholt und gegenseitig aneinandergestoßen. Und immer wieder hört man von allen Seiten „Hristos anesti", „Alithos anesti" und „Chronia polla" („Viele Jahre"). Der Pope versucht verzweifelt, noch etwas Ruhe und Ordnung in dieses Durcheinander zu bringen, was ihm selten gelingt. Er bittet noch darum, dass nicht alle sofort nach Hause gehen sollen, weil ja die Messe noch eine gewisse Zeit weitergeht. Aber bis auf wenige Ausnahmen machen sich jetzt doch die meisten mit ihren brennenden Kerzen auf den Weg nach Hause. Dort wartet nämlich die leckere Ostersuppe.

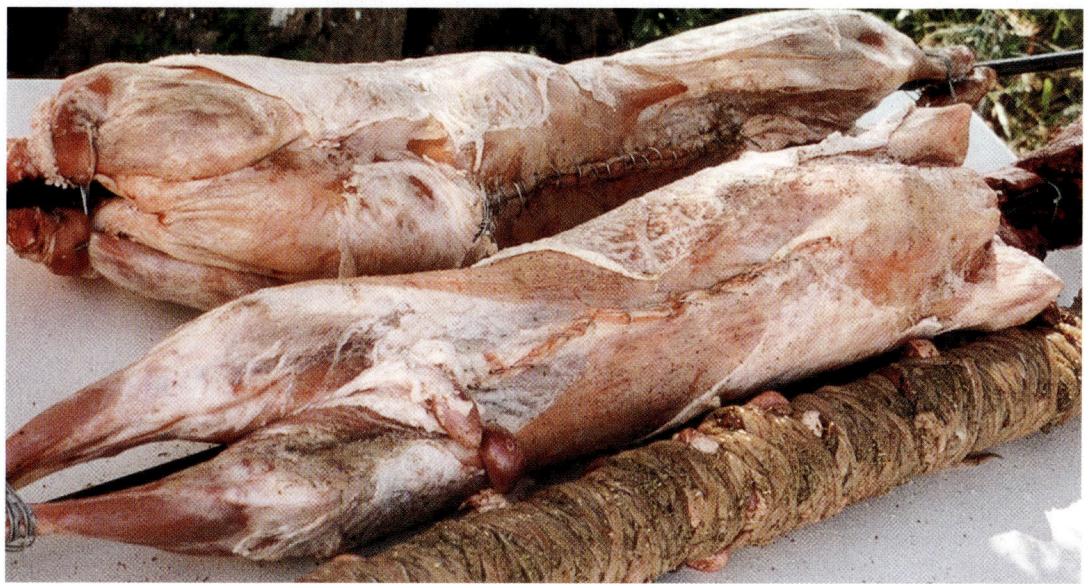

Zu Ostern werden traditionell Lamm und ein Kokoretsi-Spieß gegrillt.

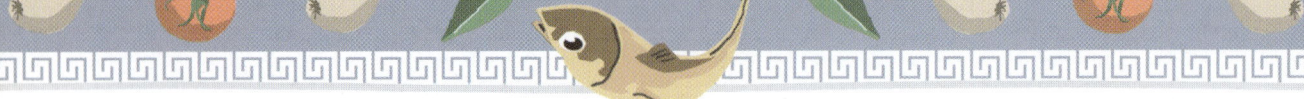

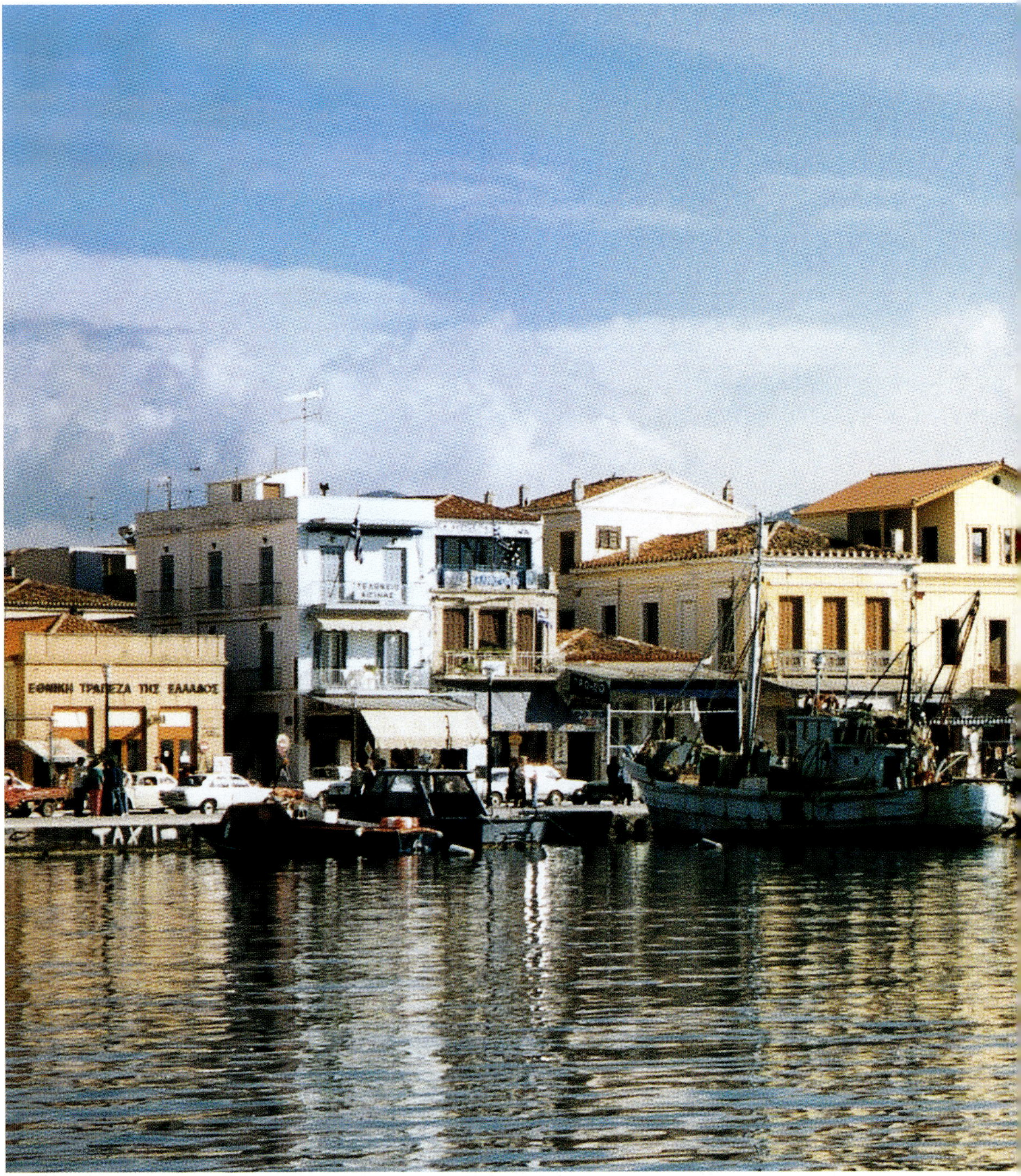
ΕΘΝΙΚΗ ΤΡΑΠΕΖΑ ΤΗΣ ΕΛΛΑΔΟΣ
TAXI

Hafenpromenade von Ägina

39

DER OSTERSONNTAG

Am Ostersonntag ist das Wetter phantastisch. Günter und Peter beginnen gegen 9 Uhr mit dem Anzünden des Grillfeuers. Auch aus der Nachbarschaft steigen überall Rauchsäulen empor und kündigen so das kommende große Ostergrillfest an.

Nach ca. einer Stunde glüht die Holzkohle richtig und entwickelt eine ordentliche Hitze. Jetzt können die Spieße mit Lamm und Ziege auf die schon vorher eingeschlagenen Halterungen aufgelegt werden. Am Anfang werden die Spieße in der höchsten Stellung aufgelegt und sehr schnell gedreht, damit sich die Poren schließen und das Fleisch nicht austrocknet. An einem langen Stock haben wir eine Gabel befestigt, auf die eine halbe Zitrone aufgespießt ist. Damit wird von Zeit zu Zeit das Grillgut mit einem Gemisch aus Zitronensaft, Olivenöl, Salz, Pfeffer und Oregano bestrichen.

Kiriakos, der Bruder von Labros, kommt mit einem großen Kokoretsi-Spieß, den sie gemeinsam vorbereitet haben, den Berg herauf. Ich bestreiche inzwischen ein paar Scheiben vom Hefezopf mit Butter. Zusammen mit frischem Kaffee bringe ich sie den schon schwer arbeitenden Männern.

Die Fenster des Wohnzimmers werden geöffnet und die Lautsprecher der Stereoanlage nach draußen auf die Fensterbank gestellt. Allmählich hört man auch aus den umliegenden Häusern und von der anderen Seite des Tales die ersten Buzouki-Klänge.

Nach und nach kommen auch die übrigen Gäste. Tante Katherina bringt ein großes selbstgebackenes Brot mit. Litsa hat uns eine große Schüssel Salat, meine Kusine Popi für den Nachmittagskaffee eine Schokoladentorte mitgebracht.

Unter Mithilfe vieler Hände wird unser großer Esstisch unter den alten Skina-Baum getragen und gedeckt. Die ersten kleinen Teller mit ein paar Scheiben Schafskäse, Kaseri, einigen Oliven und ein Körbchen mit Brot werden als kleine Appetitanreger schon auf den Tisch gestellt. Wassilis brachte in Salzlake eingelegte Kapernknospen mit, die, mit etwas Olivenöl beträufelt, ein köstlicher „Meze" sind. Allmählich werden auch die ersten Gläser Retsina aus einer großen Flasche gefüllt und nach und nach getrunken.

Von Zeit zu Zeit wechseln sich die „Dreher" an den Spießen ab, die meisten wollen doch wenigstens ein paar Umdrehungen zum Gelingen des Grillfestes beigetragen haben. Stimmung und Spannung steigern sich allmählich, ebenso wie der Hunger. Die Düfte, die vom Grill herüberwehen, sind doch sehr verlockend.

Gegen 13 Uhr können Thanos und Labros es kaum noch erwarten und schneiden vom Kokoretsi-Spieß die ersten, schon fertig gegarten Stücke

herunter. Der Teller schafft es nicht bis zum Tisch, er ist schon vorher von gierigen Mäulern geleert worden. Zum Glück haben wir ja ein großes Kokoretsi, so dass jeder etwas abbekommt.

Die Spieße mit Lamm und Ziege sind inzwischen auf der niedrigsten Höhe der Halterung angekommen, damit zum Schluss die Haut noch schön kross gegrillt wird. Die Salate werden auf den Tisch gestellt, und gegen 14 Uhr wird zunächst die im Vergleich zum Lamm etwas kleinere Ziege vom Feuer genommen und zerteilt. Der Geschmack ist einfach köstlich, und alle, die an dem gelungenen Werk beteiligt waren, werden ausgiebig gelobt und besonders von Tante Meri mit guten Wünschen überschüttet.

Kurz darauf ist auch das Lamm gar und ebenfalls hervorragend gelungen. Leider kann ich aber nur noch ein kleines Stück davon genießen, weil ich dummerweise schon satt bin. Den meisten geht es genauso. Es ist wahrscheinlich mal wieder viel zu

„Kali Orexi ke kali nichta"
Nach dem Essen ein Verdauungsschläfchen

viel von allem da. Aber das ist bei griechischen Tafeln immer so, denn wenn alles aufgegessen würde, wäre bestimmt zu wenig da gewesen.

Die Stimmung strebt langsam dem Höhepunkt zu, und der Wind weht die Klänge der ringsherum Feiernden bis zu uns herauf. Ein Tänzchen zur Verdauung kann nicht schaden, und aus lauter Freude müssen auch ein paar unserer alten Teller daran glauben. Wir hatten diese extra zum Zerschlagen freigegeben. (Es ist eine alte griechische Sitte, bei guter Stimmung beim Tanzen ein paar Teller auf den Boden zu werfen.)

Es ist ein schöner Tag und die Stimmung besonders ausgelassen. Wir hoffen, dass auch im nächsten Jahr noch alle gesund sind und wieder mit uns feiern können. Und sollte jemand vielleicht nicht mehr dabei sein können, so wird er es doch in unseren Herzen sein. Wie in unseren Liedern, so schwingt auch bei solch fröhlichen Anlässen immer ein Stück Schwermut in unserer Seele mit.

„Hristos anesti"
(„Christus ist auferstanden")

„Alithos anesti"
(„Wahrhaftig er ist auferstanden")

Ostersonntag in Ägina

Inselpanorama auf Syros

Salates

Salate

Salates

SALATE

Der griechische Bauernsalat ist wohl der bekannteste Salat der griechischen Küche. Aber auch in Griechenland bestimmt die Natur das Angebot. Unter den vielen Arten von Salat haben die rohen Salate aus frischen und erfrischenden Gemüsen den Vorrang.

Salate aus gekochtem Gemüse sind nicht weniger appetitanregend. Blumenkohl, Zucchini, Möhren oder Wildgemüse, die gerne im Freien gesammelt werden, bereichern den griechischen Speiseplan. Damit beim Kochen von Gemüse möglichst viele Vitamine erhalten bleiben, sollte man darauf achten, das Gemüse in nicht zu viel Wasser zu kochen und nur wenig zu salzen. Die Verwendung von Soda sollte vermieden werden.

Horiatiki Salata

GRIECHISCHER BAUERNSALAT

FÜR 4 PERSONEN

2 mittelgroße Fleischtomaten
$^1/_2$ Salatgurke
1 grüne Paprikaschote
1 große Zwiebel
100 g Schafkäse
10 Oliven (schwarze Kalamon)
Salz, Pfeffer, 1 El Oregano
Essig, Olivenöl

Tomaten halbieren, Stengelansätze herausschneiden und je nach Größe der Tomaten in mundgerechte Stücke schneiden.

Gurke schälen, halbieren und in $^1/_2$ cm dicke Scheiben schneiden.
Zwiebel schälen und in dünne halbe Ringe schneiden.

Paprika vierteln, entkernen und in nicht zu dünne Streifen schneiden.

Schafkäse würfeln und beiseite legen.

Alle Zutaten in eine Schüssel geben, mit Salz, Pfeffer, Essig und Olivenöl nach Geschmack würzen und vorsichtig mischen.

Den gewürfelten Schafkäse darüber geben, mit dem Oregano bestreuen und servieren.

TIPP: Salatsoße immer in dieser Reihenfolge herstellen: Zuerst Salz, dann Essig oder Zitronensaft. Wenn man das Öl vor dem Essig oder dem Zitronensaft beigibt, löst sich das Salz nicht auf.

Marulaki Salata me Anitho

GRIECHISCHER KOPFSALAT MIT DILL

FÜR 4 PERSONEN

1 Kopf griechischer Salat (Römersalat)
1 Bund Dill
2 hart gekochte Eier
8 Oliven
2 Frühlingszwiebeln oder 1 große Zwiebel
5–6 El Olivenöl
Zitronensaft nach Geschmack
Salz und Pfeffer

Salat waschen, abtropfen lassen und wie Endiviensalat in ca. 1 cm dünne Streifen schneiden. Auf eine ovale Platte geben.

Frühlingszwiebeln waschen und ebenfalls in 1 cm breite Scheiben schneiden, auch das Grüne vom Lauch verwenden. Dill grob hacken und mit den Zwiebeln über den Salat geben.
Mit geviertelten Eiern und Oliven dekorieren. Zitronensaft, Salz, Pfeffer und Öl miteinander mischen, über den Salat geben und servieren.

Patatosalata

KARTOFFELSALAT

FÜR 4 PERSONEN

1 kg fest kochende Kartoffeln
1 große Zwiebel
$^1/_2$ Bund glatte Petersilie
Salz, Pfeffer
Zitronensaft nach Geschmack
Olivenöl

Kartoffeln waschen und mit der Schale ca. 25–30 Minuten gar kochen. Das Wasser abschütten, mit kaltem Wasser abschrecken und noch warm pellen.

Kartoffeln in ca. $^1/_2$ cm dicke Scheiben schneiden und in eine Schüssel geben.
Die Zwiebel in dünne halbe Ringe schneiden und in einer kleinen Schüssel mit Wasser 15 Minuten wässern. Die Zwiebel ausdrücken und mit der grob geschnittenen Petersilie zu den Kartoffeln geben.

Jetzt kräftig mit Salz, Pfeffer, Zitronensaft und Olivenöl würzen und vorsichtig unterrühren.
Mindestens 60 Minuten ziehen lassen, noch einmal abschmecken und servieren.

Ein beliebtes Fastenessen.

Pantsarosalata

ROTE-BETE-SALAT

FÜR 4 PERSONEN

500 g Rote Bete
3 Knoblauchzehen
Salz
4 El Essig
6 El Öl

Rote Bete gut waschen, in einem Topf mit kaltem Wasser zum Kochen bringen und gar kochen (je nach Größe 30–45 Minuten).

Das Wasser abschütten, die Rote Bete mit kaltem Wasser abschrecken und schälen, in $^1/_2$ cm dicke Scheiben schneiden und in eine Schüssel geben.

Knoblauchzehen schälen, in Scheibchen schneiden und mit Salz in einem Mörser cremig stampfen. Mit Essig und Öl verrühren, über die Rote Bete geben und unterrühren.

Mit einer Folie bedecken und ein paar Stunden ziehen lassen.

TIPP: Man kann den Salat ein paar Tage im Kühlschrank aufheben, indem man ihn in einen gut schließenden Behälter gibt.

Fasolia Piasi

WEISSE-BOHNEN-SALAT

FÜR 4 PERSONEN

1 kleine Dose dicke weiße Bohnen
(ohne Suppengemüse)
1 große Zwiebel
2 El geschnittene glattblättrige Petersilie
Salz, Pfeffer
Zitronensaft nach Geschmack
3–4 El Olivenöl

Bohnen auf einem Sieb abtropfen lassen und in eine Schüssel geben.
Zwiebel schälen, in dünne Ringe schneiden und für 15 Minuten in einem Schälchen mit kaltem Wasser wässern, damit die Schärfe verloren geht und sie bekömmlicher sind.

Die Zwiebel abtropfen lassen, leicht ausdrücken und mit der gewaschenen, getrockneten und klein geschnittenen Petersilie zu den Bohnen geben. Jetzt mit Salz, Pfeffer, Zitronensaft und Öl abschmecken.

TIPP: Am besten schmeckt der Salat, wenn er Zeit zum Durchziehen hat, deshalb schon 1 Tag vorher zubereiten.

Lahanosalata me Karoto

WEISSKOHL-MÖHREN-SALAT

FÜR 4 PERSONEN

ca. 500 g Weißkohl
2 große Möhren
1 kleine Knoblauchzehe
Salz, Pfeffer, Paprikapulver
Zitronensaft nach Geschmack
Olivenöl

Weißkohl sehr fein schneiden, salzen und mit den Händen kurz durchkneten, bis der Kohl etwas mürber geworden ist.

Möhren putzen und grob raspeln, mit dem Kohl in eine große Schüssel geben.
Knoblauchzehe schälen und mit einer großen Prise Salz im Mörser zerstampfen. In die Schüssel zu dem Weißkohl geben und mit den Gewürzen kräftig abschmecken.

Mindestens 30 Minuten im Kühlschrank durchziehen lassen; je länger er durchziehen kann, umso besser schmeckt er.

Mit ein paar Oliven dekorieren und servieren.

Frische Kräuter gibt es beim Kräutermann

Roka me Domata ke Feta

RUCOLA-SALAT MIT TOMATEN UND SCHAFKÄSE

FÜR 4 PERSONEN

100 g Rucola (Rauke)
250 g Cherry-Tomaten
Salz, Pfeffer nach Geschmack
2 Tl Weinessig
5 El Olivenöl
100 g Schafkäse (1 Scheibe, ca. 1 cm dick)

Rucola waschen, trocken schleudern und in eine Schüssel geben.
Tomaten waschen, in der Mitte durchschneiden, Stängelansätze raus schneiden und dazugeben.
Mit Salz, Pfeffer, Essig und Öl würzen, leicht unterrühren.
Jetzt den Schafkäse in 1 x 1 cm große Stücke schneiden, darüber verteilen und servieren.

Kolokithakia–Salata

ZUCCHINI-SALAT

FÜR 4 PERSONEN

500 g kleine Zucchini
Salz

Für die Soße:
6 El Olivenöl
1–2 Zitronen nach Geschmack
je 1 Prise Salz und Zucker
1 Tl klein geschnittene Petersilie

Stiele abschneiden und Zucchini in einen Topf geben. Mit kaltem Wasser bedecken, Salz dazugeben, aufkochen und zugedeckt köcheln lassen, bis die Zucchini bissfest sind.

In der Zwischenzeit Olivenöl mit Zitronensaft, Petersilie, Salz und Zucker verrühren.

Zucchini vorsichtig aus dem Topf nehmen, etwas abtropfen lassen und auf eine passende ovale Platte geben. Die Soße auf die noch warmen Zucchini geben und servieren.

Kunupidi me Majionesa

FEINER BLUMENKOHLSALAT

FÜR 4 PERSONEN

---

1 kleiner Blumenkohl
4 gekochte Eier
1 Dose Anchovisröllchen mit Kapern
100 g Majonäse
6 El Olivenöl
6 El Zitronensaft
1 Tl Senf
$^1/_2$ Bund Petersilie
4 kleine Tomaten

Blumenkohl in Röschen teilen und in Salzwasser bissfest kochen, abgießen und abtropfen lassen.

Die Blumenkohlröschen in der Mitte von 4 großen Tellern zu je einem kleinen Kopf zusammen legen. Im Wechsel die in Scheiben geschnittenen Eier und Tomatenscheiben darum drapieren.

Mit der Majonäsentube kleine Röschen auf die Eier und die Tomatenscheiben spritzen. Anchovis auf den Eiern verteilen.

Olivenöl, Zitronensaft, Senf, Salz, Pfeffer und die Hälfte der klein geschnittenen Petersilie verrühren und über den Blumenkohl geben.

Mit dem Rest der Petersilie das Ganze dekorieren und mit frischem Brot als Vorspeise servieren.

A.Kραρογλου / 88

Mezedes

Vorspeisen

Mezedes

VORSPEISEN

Die „Mezedes" werden zu Beginn einer Mahlzeit gereicht und sollen den Appetit anregen. Sie sind aber auch kleine Leckerbissen für zwischendurch.
In der griechischen Küche werden so viele verschiedene Vorspeisen angeboten, dass man nicht selten nur bei den „Mezedes" bleibt. Dazu wird entweder ein Ouzo oder ein gut gekühlter Retsina (trockener Harzwein) getrunken.

Ein typischer kleiner Vorspeisenteller zum Glas Ouzo mit Tzaziki, Auberginencreme, Tarama, Rote Bete, Weißen Bohnen, Oliven und eingelegtem Tintenfisch.

Piperies Tiganites

GEBRATENE PAPRIKA

FÜR 4 PERSONEN

500 g schmale, längliche, hellgrüne Paprikaschoten
Öl zum Braten
Salz und Pfeffer zum Abschmecken

Paprikaschoten waschen, gut abtropfen lassen und mit Haushaltspapier abtrocknen.

Mit einem scharfem Messer der Länge nach einmal aufschneiden und in heißem Öl rundum goldgelb braten.

Aus der Pfanne nehmen, salzen, pfeffern und servieren.

Variante:
Gebratene Paprika mit Tomatensoße

500 g frische oder 1 kleine Dose Tomaten
3 geschälte, gewürfelte Knoblauchzehen
Salz, Chilipulver, Zimt, Piment
Öl zum Braten

Knoblauchzehen in einer Pfanne mit dem Öl glasig werden lassen, gehäutete und gewürfelte Tomaten dazugeben.
5 Minuten köcheln lassen und mit Salz und Chili abschmecken.
Die gebratenen Paprika in eine Auflaufform legen. Tomatensoße obendrauf geben und für 10–15 Minuten in den auf 250 °C vorgeheizten Backofen stellen.
Mit frischem Brot warm oder kalt servieren.
Zu einem Kalten Buffet oder als Beilage zu Fleisch.

Kaserobalakia

KÄSEBÄLLCHEN FRITTIERT

(CA. 70 STÜCK)

600 g verschiedene Hartkäsesorten
(Kefalotiri, Kaseri, Graviera)
3 El Mondamin (Speisestärke)
3 Eiweiß
Fett zum Frittieren

Käse fein in eine Schüssel reiben und mit Speisestärke vorsichtig vermengen. Eiweiß zu steifem Schnee schlagen und unter den Käse heben.

Mit den Händen walnussgroße Bällchen formen und ca. 60 Minuten zugedeckt im Kühlschrank ruhen lassen.

Das Fett in der Friteuse auf 160 °C erhitzen, die Käsebällchen (ca. 8–10 Stück auf einmal) goldgelb frittieren und frisch servieren.

Tiganita Kolokithakia
me Jiaurti-Skordalia

GEBRATENE ZUCCHINI MIT KNOBLAUCH-JOGHURT-SOSSE

FÜR 4 PERSONEN

500 g Zucchini
1 Tasse Mehl
1 Tasse Salzwasser
Olivenöl zum Braten

Für die Soße:
250 g Joghurt
1 große Knoblauchzehe
2–3 El lauwarmes Wasser
Salz nach Geschmack

Zucchini waschen, der Länge nach in ½ cm dicke Scheiben schneiden.

Jetzt die Soße herstellen:
Dafür den Joghurt in eine kleine Schüssel geben. Geschälte und zerdrückte Knoblauchzehe, Wasser und Salz nach Geschmack miteinander verrühren, bis eine cremige Soße entstanden ist. Beiseite stellen.

Reichlich Öl in eine große Pfanne geben und erhitzen.

Das Salzwasser in einen tiefen Teller, das Mehl in einen flachen Teller geben.
Dann die Zucchinischeiben zuerst in Salzwasser tauchen und dann im Mehl wälzen. Mehl leicht abklopfen und in der Pfanne von beiden Seiten goldgelb braten.

Aus der Pfanne nehmen, kurz auf Haushaltspapier legen, damit das überflüssige Fett aufgesogen wird, und sofort mit der Joghurt-Soße servieren.

Tzatzíki

GURKEN-JOGHURT-CREME

FÜR 4 PERSONEN

---

1 mittelgroße Salatgurke
500 g griechischer Sahnejoghurt
4 mittelgroße Knoblauchzehen
1 Tl Essig
Salz, Pfeffer
1 Sträußchen Petersilie oder Dill
1 El Olivenöl

Knoblauchzehen schälen, in 3–4 Stücke schneiden und mit ¼ Tl Salz in einem Mörser fein zerstampfen, so dass eine feine Paste entsteht. Den Essig dazugeben und gut verrühren, damit sich das Salz auflöst.

Gurke schälen und grob raspeln, auf ein Sieb geben, leicht salzen und 30 Minuten ziehen lassen. Die gut ausgedrückte Gurke, den Joghurt und die Knoblauchpaste in eine Schüssel geben, gut durchrühren und ein paar Stunden zugedeckt im Kühlschrank ziehen lassen.

Nochmals abschmecken, gewünschte Menge auf einen Teller geben und mit einem Petersiliensträußchen oder Dill und ein paar Tropfen Olivenöl dekorieren.

TIPP: In einem verschlossenen Behälter kann Tzatzíki ca. 1 Woche im Kühlschrank aufbewahrt werden.

TIPP: Sollten Sie keinen griechischen Sahnejoghurt bekommen, können Sie die gleiche Menge Schmand oder 250 g Sahnequark und 2 Becher saure Sahne verwenden.

TIPP: Als Variante kann man 1 El klein geschnittenen Dill oder 1 El geraspelte Möhren untermischen.

Saligaria me saltza domata

SCHNECKEN AUF GRIECHISCHE ART

FÜR 2 PERSONEN

---

1 kleine Dose Schnecken (1 Dutzend)
2 Knoblauchzehen
½ kleine Dose Tomaten
Salz, Pfeffer
1 Messerspitze Kimeno (Gewürzmischung)
¼ Bund Petersilie
Öl

In einem kleinen Topf Öl erhitzen und die geschälten und in Scheibchen geschnittenen Knoblauchzehen darin glasig dünsten.

Gewürfelte Tomaten samt Saft dazugeben und 10 Minuten köcheln lassen.

Salzen, pfeffern und mit Kimeno vorsichtig abschmecken. Schnecken abtropfen lassen, zur Soße geben und nochmals 5 Minuten köcheln lassen.

Die klein geschnittene Petersilie unterrühren und mit ein paar Scheibchen Kaviarbrot noch heiß servieren.

Htipiti me Karidia

SCHAFKÄSE-PASTE MIT WALNÜSSEN

FÜR 4 PERSONEN
---

200 g Schafkäse
200 g Walnüsse
4 El Olivenöl
4 El Wasser
1 kleine Chilischote

Alle Zutaten in eine Schüssel geben und mit dem Schneidestab des Mixers fein zerkleinern, bis eine feine, gleichmäßige Paste entstanden ist. Etwas kühl stellen und servieren.

TIPP: Eine schöne Variante, die auch sehr hübsch aussieht:
Dazu benötigt man noch ein paar Scheiben Graubrot, einige entsteinte Oliven, Petersiliensträußchen und als Farbklecks ein paar Streifen rote Paprikaschote.

Mit einem runden Ausstecher (ca. 4 cm Ø) aus dem Brot kleine Kanapees ausstechen.
Schafkäse-Paste in einen Spritzbeutel geben und auf die Kanapees kleine Rosetten spritzen.
Mit kleinen Stücken von Oliven, Petersilie und Paprikastreifen dekoriert servieren.

Keftedakia me Diosmo

FRIKADELLCHEN MIT MINZE

FÜR 4 PERSONEN
---

1 kg Hackfleisch vom Rind oder Kalb
80 g eingeweichte Semmel oder Paniermehl
2 Eier
2 mittelgroße gewürfelte Zwiebeln
3 mittelgroße zerdrückte Knoblauchzehen
4 El Ouzo (griechischer Anisschnaps)
1 Tl Oregano
1 El getrocknete Minze
Salz, Pfeffer
2 El Mehl zum Wenden
2–3 El Essig
Sonnenblumenöl zum Braten

Die eingeweichte Semmel gut ausdrücken und mit dem Gehackten in eine Schüssel geben.

Die übrigen Zutaten dazugeben und den Teig gut durchkneten, bis alles gut vermischt ist. Dann kräftig mit Salz und Pfeffer abschmecken.

Für mindestens 30 Minuten zugedeckt in den Kühlschrank stellen und ziehen lassen.

Essig in eine Untertasse geben, die Handinnenflächen darin anfeuchten und aus dem Teig walnussgroße Frikadellchen formen.

In Mehl wenden und in einer Pfanne in heißem Öl goldgelb braten.

Die Frikadellchen sind eine Bereicherung für jedes Buffet.

Meltsanosalata

AUBERGINEN-CREME

FÜR 4–6 PERSONEN

1 kg große Auberginen
2 mittelgroße Knoblauchzehen
Salz, Pfeffer nach Geschmack
2 Tl Weinessig
5 El Olivenöl

Zum Garnieren:
1 mittelgroße Zwiebel
2 El glatte Petersilie
oder: rote, grüne und gelbe Paprika-Würfelchen

Backofen auf 220 °C vorheizen

Auberginen mit einer Gabel mehrmals einstechen, auf ein mit Alufolie ausgelegtes Backblech legen und im Backofen ca. 45 Minuten garen. (In der Mikrowelle bei 750 Watt 30 Minuten.)

Auberginen aus dem Ofen nehmen, mit Alufolie abdecken und abkühlen lassen.

Auberginen schälen, in kleine Stücke schneiden, auf ein Sieb geben und etwas abtropfen lassen. In der Zwischenzeit die Knoblauchzehen schälen, in 3–4 Stücke schneiden und mit $\frac{1}{4}$ Tl Salz in einem Mörser fein zerstampfen, so dass eine Paste entsteht.

Die Auberginenstücke, die Knoblauchpaste und den Essig in eine Schüssel geben und mit dem Mixer ein paar Minuten gut durchrühren. Das Öl löffelweise unterrühren und mit Salz und Pfeffer abschmecken.

Auf einen Teller geben und glatt streichen.

Zum Garnieren die Zwiebel schälen, in dünne halbe Ringe schneiden, in ein Schüsselchen mit Wasser geben und 10 Minuten wässern. Danach gut ausdrücken, mit der klein geschnittenen Petersilie mischen und auf dem Tellerrand um die Auberginencreme drapieren.

Alternativ mit Paprikawürfelchen bestreuen.

TIPP: Die Auberginencreme schmeckt besser, wenn sie gut durchgezogen ist. Sie kann in einem geschlossenen Behälter ein paar Tage im Kühlschrank aufgehoben werden. Die Dekoration sollte man vor dem Servieren immer frisch zubereiten.

Auch mit 100 g Schafkäse cremig verrührt schmeckt die Auberginencreme als erfrischender Brotaufstrich.

TIPP: Noch besser schmeckt es, wenn die Auberginen auf Holzkohle gegart werden. Sie bekommen dann einen rauchigen Geschmack. Probieren Sie es beim nächsten Grillen doch einmal aus.

So kann man nach dem Grillen die restliche Glut der Kohle ausnutzen.

Taramosalata

FISCHROGEN-CREME

FÜR 4 PERSONEN

250 g mehlig kochende Kartoffeln
100 g Tarama (gesalzener Karpfenrogen)
5 El Wasser
¹/₄ l Sonnenblumenöl oder Distelöl
12 El Zitronensaft

Kartoffeln kochen, pellen, pürieren und beiseite stellen.

Rogen in einen Rührbecher (1 l) geben, Wasser dazugeben und mit dem Mixer verrühren, bis es keine Klümpchen mehr gibt. Esslöffelweise abwechselnd Öl und Zitronensaft unterrühren.

Je länger die Masse geschlagen wird, desto cremiger und schmackhafter wird die Fischrogencreme.

Wenn die Creme hellrosa geworden ist und man die einzelnen kleinen Fischrogen als etwas dunklere rosafarbene Pünktchen erkennen kann, rührt man die pürierten Kartoffeln hinein.

Masse in ein Schüsselchen geben und mit einer Gabel verzieren.

Zum Schluss mit ein paar schwarzen Oliven garnieren, und schon ist der Taramo servierfertig.

TIPP: In einem verschlossenen Behälter kann man die Fischrogencreme ca. 2 Wochen im Kühlschrank aufbewahren.

Die Creme schmeckt nicht nur als Vorspeise, sondern auch als täglicher Brotaufstrich.

Melitsanes Tiganites

GEBRATENE AUBERGINENSCHEIBEN

FÜR 4 PERSONEN	Eine weitere Variante:
500 g Auberginen Salz Olivenöl zum Braten	**Auberginenscheiben nach Großmutters Art:** 500 g frische oder 1 kleine Dose Tomaten 3 Knoblauchzehen Salz, Zimt, Piment Öl zum Braten

Auberginen waschen, abtrocknen und ungeschält der Länge nach in 1 cm dicke Scheiben schneiden.

Salzen und in einem Sieb ca. 30 Minuten stehen lassen. Danach die Auberginen zwischen Haushaltspapier legen und abtrocknen.

Öl in einer großen Pfanne erhitzen und die Auberginen langsam auf beiden Seiten goldgelb braten.

Wieder auf Haushaltspapier legen, damit das überflüssige Fett aufgesogen wird.

Knoblauchzehen schälen, in Scheibchen schneiden und in einer Pfanne in heißem Öl glasig werden lassen. Gehäutete gewürfelte Tomaten dazugeben und zugedeckt 5 Minuten köcheln lassen. Mit den Gewürzen abschmecken.

Die gebratenen Auberginenscheiben in eine Auflaufform geben, die Tomatensoße darüber verteilen und in dem auf 250 °C vorgeheizten Backofen 10–15 Minuten backen.

Mit frischem Brot warm oder kalt servieren.

Wunderbar als Vorspeise, zum kalten Buffet oder als Beilage zu Fleisch.

Htipiti

SCHAFKÄSE SCHARF

FÜR 4 PERSONEN	Zu frischem Weißbrot sehr lecker.
250 g Schafkäse 1 Chilischote oder 3 Piri-Piri 6–8 El Olivenöl	TIPP: Im Kühlschrank kann man es ein paar Tage in einem geschlossenem Behälter gut aufheben.

Die Kerne aus der Schote nehmen. Alle Zutaten in eine Schüssel geben und mit dem Zerkleinerungsstab des Mixers miteinander mischen.

Gebratene Paprika und Auberginenscheiben

Sahanaki

ÜBERBACKENER SCHAFKÄSE

FÜR 4 PERSONEN

*Pro Person eine ca. 10 x 10 x 2 cm dicke
Scheibe Schafkäse
Butter zum Bestreichen
je 1 Sträußchen Petersilie und Tomatenscheiben zum
Dekorieren*

Eine feuerfeste Form mit Butter ausstreichen. Käsescheiben darauflegen, mit Butter bestreichen und im vorgeheizten Backofen bei 250 °C 10 Minuten backen.

Jede Scheibe Käse auf einen Teller geben und mit einem Petersiliensträußchen und einer Scheibe Tomate dekorieren. Dazu gibt es frisches Weißbrot.

Sonnenaufgang am Meer

Suppes

Suppen

Suppes

SUPPEN

Die griechische Küche kennt Suppen weniger als Vorspeise, sondern eher als eine vollständige Mahlzeit. Von der Ostersuppe (Majiritsa), die eine sehr reichhaltige Mahlzeit darstellt, bis hin zur traditionellen Bohnensuppe werden Suppen eher als Wintergericht bezeichnet.

Majiritsa

OSTERSUPPE

FÜR 4–6 PERSONEN

500 g Lammfleisch aus der Schulter
500 g Lamminnereien (Herz, Leber, Niere)
1 ¼ l Wasser
2 frische Zwiebeln
½ Fenchelknolle
½ Bund Dill
2 El getrocknete oder frische Minze
4 El Milchreis
3 Blatt Römersalat

Für die Soße:
1 Ei, Zitronensaft nach Geschmack

Innereien und Fleisch gut waschen und getrennt in zwei Töpfen mit lauwarmem Wasser aufsetzen und zum Kochen bringen. Bevor das Wasser kocht mit einem Schaumlöffel das geronnene Blut abschöpfen. Die Innereien und das Fleisch anschließend auf kleiner Flamme ca. 90 Minuten gar köcheln lassen.

Fleisch und Innereien aus den Töpfen nehmen, abkühlen lassen und in ca. 1 cm große Würfel schneiden. Zwiebeln schälen, würfeln. Den Fenchel und die Salatblätter waschen und in 1 cm dicke Streifen schneiden.

Den Sud der Innereien wegschütten. Die Fleischbrühe durch ein Sieb passieren. Wenn nötig, mit etwas Wasser auf 1 ¼ l auffüllen und in einen sauberen Topf geben, salzen und wieder aufkochen.

Zwiebeln, Fenchel und den Reis zum Fleischsud geben und bei kleiner Flamme köcheln lassen.

Nach ca. 15 Minuten den Salat, den Dill, die Minze und etwas Pfeffer sowie das Fleisch und die Innereien hinzugeben und weitere 10 Minuten köcheln lassen.

In der Zwischenzeit das Eiweiß für die Ei-Zitronensoße zu nicht zu steifem Schnee schlagen, Eigelb, Zitronensaft und etwas von der Suppe unter das Eiweiß heben und über die Suppe geben.

Heiß servieren!

TIPP: Diese Suppe wird in Griechenland nach der Mitternachtsmesse in der Osternacht als erste Mahlzeit nach der Fastenzeit gegessen.

Hähnchen mit Kartoffeln

Griechische Hühner-Suppe

Kotosupa me Augolemono k͏
ston Furno Riganates me K͏

GEFLÜGELSUPPE UND BRATHÄHNC͏
MIT KARTOFFELN

1 frisches Brathähnchen (ca. 1,4 kg)
1 ¼ kg mehlig kochende Kartoffeln
2 Knoblauchzehen
Saft von ca. 2 Zitronen
Olivenöl, Salz, Pfeffer,
2 El Oregano

Für die Suppe:
1 ¼ l Wasser
4 El Milchreis
1 Ei
1 El Butter
Für die Suppe: Saft von ca. 1 Zitrone je nach
Geschmack und Saftmenge

Hähnchen teilen, Schenkel und Brust zum Backen nehmen.

Restliche Teile für die Suppe mit Wasser und etwas Salz in einem Topf gar kochen.

In der Zwischenzeit die Kartoffeln schälen und in Stücke schneiden (wie bei Apfelsinenstücken).

Auf einem tiefen Backblech reichlich Olivenöl, Zitronensaft, Salz, Pfeffer und Oregano miteinander vermischen. Die geschälte und in Scheibchen geschnittene Knoblauchzehe, die Kartoffeln und die Schenkel und Brust des Hähnchens in der Soße wälzen, auf dem Backblech verteilen und im auf 180 °C vorgeheizten Backofen 45 Minuten backen.

Für die Suppe die Hähnchenteile aus dem Sud nehmen und von Knochen und Haut befreien. Den Sud durch ein Sieb passieren und in einem Topf mit der Butter zum Kochen bringen. Sollte zu viel Flüssigkeit verkocht sein, mit Wasser wieder auf 1 l auffüllen. Den Milchreis zugeben und so lange kochen, bis der Reis gar ist. Hähnchenteile zufügen und vom Herd nehmen.

Eiweiß in einem tiefen Teller zu nicht zu steifem Schnee schlagen, Eigelb mit unterschlagen und den Zitronensaft einrühren. Mit einer Suppenkelle Sud aus dem Topf vorsichtig unter die Eimasse rühren und dann alles in den Topf geben. Vorsichtig unterrühren und nicht mehr kochen lassen.

Die Suppe wird mit frisch gemahlenem Pfeffer serviert.

TIPP: Zu den Kartoffeln kann man einen griechischen Bauernsalat servieren und ein Gläschen Retsina.

Faki

GRIECHISCHE LINSENSUPPE

FÜR 4 PERSONEN

250 g kleine griechische Linsen
1 l kaltes Wasser
1 große Zwiebel
3–4 mittelgroße Knoblauchzehen
8 El Olivenöl
Salz, Pfeffer
1 Tl Oregano
1 Lorbeerblatt
1 kleine Chilischote nach Geschmack
Weinessig zum Würzen

Linsen waschen und in einem Topf mit 1 l kaltem Wasser zum Kochen bringen.

Zwiebel und Knoblauchzehen schälen, die Zwiebel in halbe Ringe, die Knoblauchzehen in Scheibchen schneiden. Mit 6 El Olivenöl, Lorbeerblatt, Oregano, Chilischote und etwas Salz und Pfeffer in den Topf zu den Linsen geben und bei kleiner Flamme ca. 30 Minuten köcheln lassen, bis die Linsen gar sind.

Herd abstellen, den Topf aber noch auf der Platte stehen lassen, evtl. mit Salz nachwürzen. 2 El Olivenöl über die Suppe geben und servieren. Jeder würzt jetzt auf seinem Teller nach Geschmack mit etwas Essig nach.

TIPP: Die Suppe wird im Winter warm, im Sommer kalt gegessen.

Kakawia

FISCHSUPPE AUF GRIECHISCHE ART

FÜR 4 PERSONEN

500 g verschiedene kleine Mittelmeerfische
500 g eines größeren Fisches
Saft von 1–2 Zitronen
1 Knoblauchzehe
2 Zwiebeln
2 Kartoffeln
2 Möhren
4 reife Tomaten
1 Stange Staudensellerie
5 El Olivenöl
Salz, Pfeffer
12 Scampis

Die Fische schuppen, ausnehmen, waschen und trocken tupfen. Den großen Fisch filetieren und in mundgerechte Stücke schneiden.

Den gesamten Fisch in eine Schüssel geben, salzen, mit Zitronensaft beträufeln und ca. 20 Minuten ziehen lassen.

Zwiebeln und Knoblauchzehen schälen und klein schneiden.

Kartoffeln schälen und würfeln. Die Möhren schaben und in Scheibchen schneiden. Die Tomaten würfeln, den Staudensellerie in kleine Stücke schneiden.

Olivenöl in einem Topf leicht erhitzen und das Gemüse darin andünsten. 1 $\frac{1}{4}$ l warmes Wasser hinzufügen, salzen und 30 Minuten kochen.

Die Gemüsebrühe durch ein Sieb streichen, zurück in den Topf geben und aufkochen. Jetzt den Fisch mit dem Saft, der sich gebildet hat, in den Topf geben und bei kleiner Flamme ca. 20 Minuten gar ziehen lassen.

Nach 10 Minuten die Scampis hinzugeben.

Je nach Geschmack mit etwas Zitronensaft abschmecken, und mit frisch gemahlenem Pfeffer bestreut servieren.

Jiuvarlakia

FLEISCHKLÖSSCHENSUPPE

FÜR 4 PERSONEN

Für die Fleischklößchen:
250 g Hackfleisch (halb und halb)
1 große Zwiebel
4 El Milchreis
2 El Olivenöl
1 Ei
¼ Bund Petersilie
Salz, Pfeffer
3 El Mehl (zum Wenden)

Für die Suppe:
1 ¼ l Wasser
4 El Milchreis
1 El Butter

Für die Soße:
1 Ei
Zitronensaft nach Geschmack

Alle Zutaten für die Klößchen zusammenmengen, walnussgroße, runde Bällchen formen und in Mehl wenden.

Das Wasser in einen passenden Topf geben, salzen und aufkochen.

Reis, Fleischklößchen und Butter dazugeben und ca. 30–40 Minuten köcheln lassen.

Für die Eier-Zitronensoße das Ei trennen. Eiweiß in einem tiefen Teller mit einer Gabel zu nicht zu steifem Schnee schlagen, Eigelb und etwas Zitronensaft darunter rühren. Jetzt auch eine Suppenkelle vom Sud vorsichtig unter das Ei rühren.

Suppe vom Herd nehmen und die Ei-Zitronen-Soße unterrühren.

Abschmecken und mit etwas frischem Weißbrot und frisch gemahlenem Pfeffer heiß servieren.

Psarosupa me Risi
ke Psari me Majionesa

FISCHSUPPE UND FISCH IM MAJONÄSE-MANTEL

FÜR 4 PERSONEN

ca. 800 g Kochfisch
(möglichst einen ganzen Fisch mit Kopf)
4–5 kleine Zwiebeln
4–5 kleine Möhren
8–10 kleine Kartoffeln
ein paar Sellerieblätter
1,5 l Wasser
Olivenöl, Salz

Zum Dekorieren:
¹/₂ Bund Petersilie, Kapern, 8 Oliven

Für die Suppe:
4 El Milchreis
2 El Olivenöl
1 Ei
1–2 Zitronen (nach Geschmack)

Die gewaschenen und geschälten Möhren, Zwiebeln, Kartoffeln und Sellerieblätter im Ganzen in einen großen Topf mit kochendem Salzwasser geben und 4–5 El Olivenöl dazugeben. Nach 10 Minuten vorsichtig den geschuppten und gewaschenen Fisch zugeben und in ca. 15–20 Minuten gar kochen. Den Fisch und das Gemüse mit einem Schaumlöffel herausnehmen, Gemüse warm stellen.

Den von Haut und Gräten gesäuberten Fisch auf einer Platte wieder als Ganzes anrichten (bei einem ganzen Fisch Kopf und Schwanz als Dekoration mit auf die Platte legen), zudecken und warm stellen.

In der Zwischenzeit bereitet man aus dem Sud eine Suppe, die man als Vorspeise reicht: Fischsud durch ein Sieb geben und aufkochen, Milchreis und 2 El Olivenöl dazugeben und gar kochen.

Wenn der Reis gar ist, für die Ei-Zitronen-Soße das Eiweiß in einem tiefen Teller mit einer Gabel zu nicht zu steifem Schnee schlagen. Eigelb dazugeben, mit Zitronensaft abschmecken und weiterschlagen.

Den Topf mit dem Fischsud vom Herd nehmen. Die Ei-Zitronen-Soße mit etwas Sud anrühren und alles vorsichtig in die Suppe einrühren.

In der Zeit, bis der Reis kocht, wird die Majonäse zubereitet. Dazu braucht man:

---

2 Eigelb
1 Prise Salz
weißen Pfeffer
1 Tl Senf
1 Tl Essig
¹/₄ l Pflanzenöl
1 Knoblauchzehe

Eigelb, Salz, Pfeffer, Senf und einige Tropfen Essig in einer Schüssel mit dem Schneebesen glatt rühren. Unter ständigem Rühren Öl zunächst tropfenweise dazugeben. Wenn die Masse etwas steif wird, das restliche Öl langsam unterrühren. Bitte immer in eine Richtung rühren! Sobald das ganze Öl verbraucht ist, restlichen Essig und die mit etwas Salz zerdrückte Knoblauchzehe unterrühren. Eventuell noch mal abschmecken.

Jetzt den Fisch mit der Majonäse bestreichen, Kopf und Schwanz frei lassen. Mit dem Gemüse, Petersilie, schwarzen Oliven (entsteint) und Kapern garnieren und mit frischem Brot servieren.

Akropolis

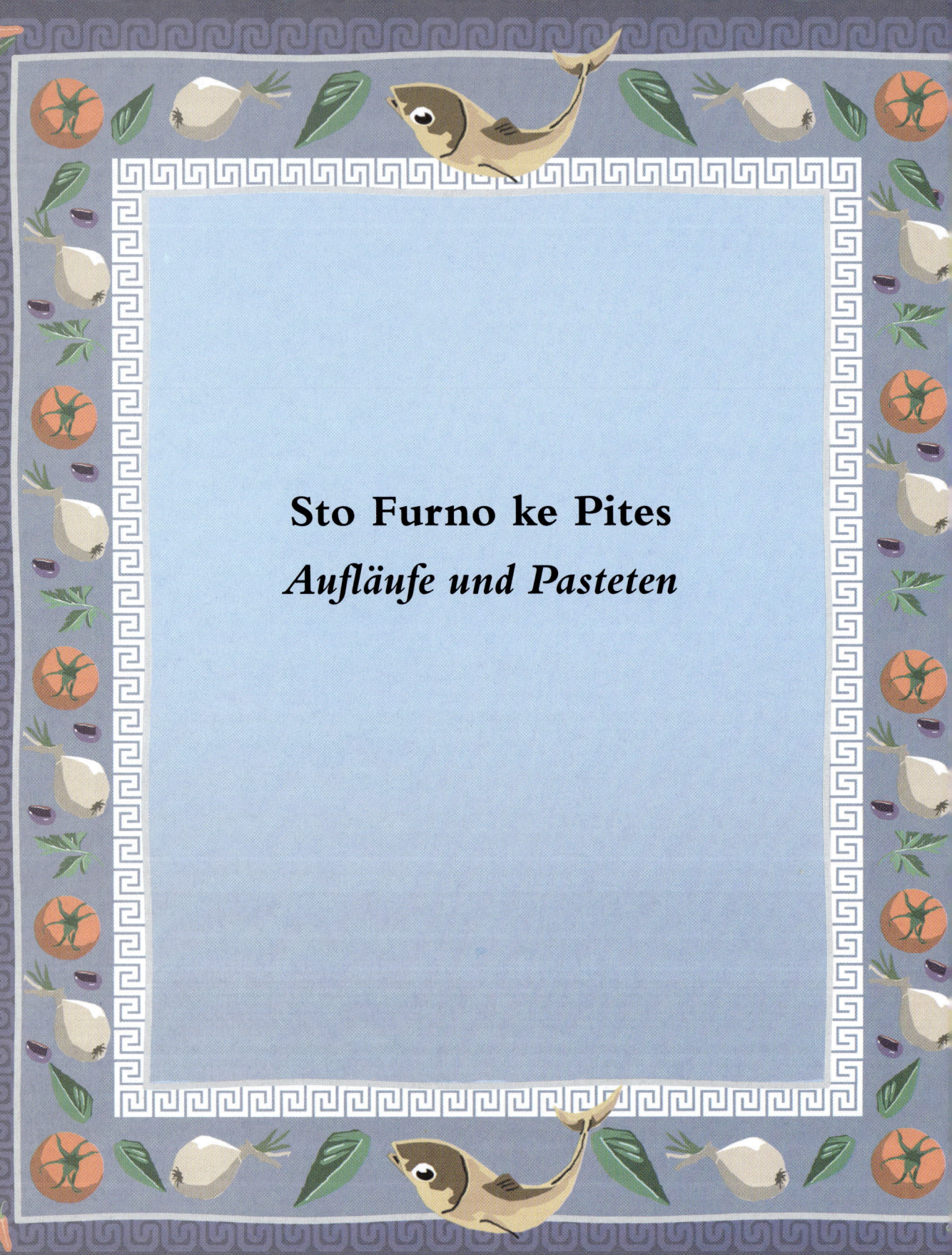

Sto Furno ke Pites

Aufläufe und Pasteten

Sto Furno ke Pites

AUFLÄUFE UND PASTETEN

Ein Stück „Pita" kann man zu jeder Tageszeit genießen. Pita ist eine der vielen Pasteten aus feinem Blätterteig mit vielen unterschiedlichen Füllungen. Diese delikaten Pasteten sind eigentlich eine komplette Mahlzeit. Früher gab es sogar spezielle kleine Restaurants, in denen man diese Köstlichkeiten mit herzhaften bis hin zu süßen Creme-Füllungen kaufen konnte.

Wer den Teig nicht selber machen will, kann unter fertigen Blätter- und Strudelteigen wählen, die es im gut sortierten Lebensmittelhandel zu kaufen gibt.

Kolokithopita me Karidia ke Kanella

KÜRBIS MIT WALNÜSSEN UND ZIMT IM BLÄTTERTEIG

FÜR 4 PERSONEN

---

1 Paket Krustenblätterteig
250 g Butter oder Margarine
$^1/_2$ Tasse Wasser
3 El Butter oder Margarine
2 kg geraspelter Kürbis
150 g Zucker
125 g Walnussstückchen
4 Tl Zimt
125 g Puderzucker und Zimt zum Bepudern

Kürbis in Stücke teilen, schälen und grob raspeln. 3 El Fett in einem großen Bräter erhitzen und den Kürbis ca. 5–10 Minuten (je nach Feuchtigkeit) darin dünsten. Zucker, Walnüsse und Zimt dazugeben, abschmecken und etwas abkühlen lassen. 250 g Butter oder Margarine in einem kleinen Töpfchen schmelzen lassen.

Ein Backblech einfetten und mit der Hälfte der einzeln mit dem geschmolzenen Fett bepinselten Blätter des Krustenblätterteigs belegen.

Die Blätter sollten ringsherum über das Backblech überstehen. Nun die Kürbismasse draufgeben und gut verteilen. Die übrigen Blätter genau in der Größe des Bleches schneiden. Dann ein mit Fett bepinseltes Blatt auf die Masse legen und die überstehenden Blätter nach innen falten.

Nun die restlichen Blätter mit dem Fett bepinseln und übereinander legen, bis alle verbraucht sind.

Mit einem scharfen Messer die oberen 3–4 Blätter in ca. 10 x 10 cm große Stücke einschneiden (nicht bis zur Kürbismasse durchschneiden). Restliches Fett mit dem Wasser obendrauf verteilen.

In die Mitte des auf 180 °C vorgeheizten Backofens geben und 30 Minuten backen. Nach 15 Minuten das Blech mit einem Stück Backpapier bedecken und weiterbacken lassen. Den Kuchen aus dem Ofen nehmen und etwas abkühlen lassen.

Mit dem Messer durchschneiden, mit Puderzucker und etwas Zimt bestreuen, lauwarm servieren.

Kurubujatses

MÜRBE KÄSETASCHEN

(20–30 STÜCK)

100 g Butter
100 g Sonnenblumenöl
300 g Mehl
1 Tl Backpulver
$^1/_2$ Tl Natron
1 Tl Salz
1 Eigelb
$^1/_2$ Tasse kaltes Wasser
1 Ei
200 g geriebener Schafkäse
1 El Margarine
Pfeffer
1 Eigelb zum Bestreichen

Mehl in eine Schüssel sieben, Salz, Backpulver, das Öl und die Butter dazugeben und mit den Knethaken des Mixers krümelig kneten.

Eigelb und Natron jeweils in einer Tasse mit 1 El Wasser verrühren. Mit dem Rest des Wassers in die Schüssel geben und so lange weiter kneten, bis sich der Teig vom Schüsselrand löst.

Teig zu einem Ball formen und 1 Stunde im Kühlschrank zugedeckt ruhen lassen.

In der Zwischenzeit den Käse mit dem Ei, der Margarine und dem Pfeffer in einem tiefen Teller gut mit einer Gabel vermischen.

Den Teig auf einer bemehlten Arbeitsplatte 3 mm dick ausrollen und runde (ca. 10 cm Ø) Platten ausstechen. Auf die eine Hälfte 1 Tl Füllung geben und zuklappen. Mit einer Gabel die Ränder zudrücken.
(So könnte man sie jetzt auch in einem Behälter einfrieren.)

Die Teigtaschen dann auf ein mit Backpapier belegtes Backblech legen und mit dem mit etwas Wasser verrührten Eigelb bepinseln. Im auf 180 °C vorgeheizten Backofen auf der mittleren Schiene 35–40 Minuten backen.

TIPP: Man kann die Teigtaschen auch mit Würstchen füllen, dazu bestreicht man die Taschen vorher mit je $^1/_2$ Tl Senf und Ketchup.

Labriatiki Melopita

KÄSEKUCHEN AUS SERIFOS

FÜR 4 PERSONEN

750 g Schichtkäse
150 g Honig
100 g Zucker
1 Tüte Vanillinzucker
5 Eier
1 Prise Salz
Puderzucker
Zimt

Zum Einfetten der Backform:
Margarine und etwas Paniermehl

Käse, Honig, Zucker und Vanillinzucker in eine Schüssel geben und mit dem Mixer gut verrühren. 2 Eier ganz und von den restlichen 3 nur das Eigelb mit darunterrühren.

Das Eiweiß dieser 3 Eier mit einer Prise Salz zu einem steifen Schnee schlagen.
Vorsichtig unter die Käsemasse heben und in eine gefettete und mit Paniermehl bestreute Springform (24 cm Ø) geben.

Im vorgeheizten Backofen bei 180 °C auf mittlerer Schiene 45 Minuten backen.
Aus dem Ofen nehmen, abkühlen lassen und mit Puderzucker und Zimt bestreuen.

Kolokithoturta

ZUCCHINI-EIERTORTE

FÜR 4 PERSONEN

1 ½ kg Zucchini
2 große Zwiebeln
250 g Schafkäse
250 g Kefalotiri (Parmesan)
3 Eier
je 2 El Dill und Petersilie
1 Tl Zucker
Salz, Pfeffer

Zum Einfetten der Backform:
Margarine und etwas Paniermehl

Zucchini grob reiben, in ein Sieb geben, mit etwas Salz würzen und ca. ½ Stunde stehen lassen.

In der Zwischenzeit die Zwiebeln schälen und auch grob reiben. Olivenöl in einem großen Bratentopf heiß werden lassen und die Zwiebeln glasig dünsten. Ausgedrückte Zucchini dazugeben und leicht anbraten, bis die Flüssigkeit verdunstet ist. Abkühlen lassen.
Die Eier in einer Schüssel verrühren und mit dem geriebenen Käse, dem gewürfelten Schafkäse, Dill, Petersilie, Zucker, Salz und Pfeffer unter die Zucchinimasse heben.
In eine gefettete und mit Paniermehl bestreute Springform (24 cm Ø) füllen und auf mittlerer Schiene bei 200 °C ca. 30 Minuten backen bis die Oberfläche rosig geworden ist

TIPP: Vorsicht beim Würzen mit Salz, der Käse gibt eine ganze Menge davon ab.

Musaka me Melitsanes

AUBERGINENAUFLAUF

FÜR 4 PERSONEN

1,2 kg Auberginen
400 g Hackfleisch (Rind, Schwein oder Lamm)
2–3 mittelgroße Zwiebeln
2 Knoblauchzehen
¹/₈ l Weißwein
2 El Tomatenmark
¹/₂ Bund Petersilie
Öl zum Braten
Salz, Pfeffer, Zimt nach Geschmack
2 Eiweiß
200 g Schafkäse

Für die Béchamel-Soße:
2 El Butter
2 El Mehl
¹/₂ l Milch
2 Eigelb
1 Prise Muskat
8 El Kefalotiri (Parmesan)

Auberginen in 1 cm dicke Scheiben schneiden, salzen und in eine Schüssel legen. Gehacktes mit den fein gewürfelten Zwiebeln und Knoblauchzehen in einem flachen Topf in Öl anrösten, mit dem Wein ablöschen. Tomatenmark dazugeben und mit Salz, Pfeffer und Zimt kräftig abschmecken. Köcheln lassen, bis die Flüssigkeit eingekocht ist.

Topf vom Herd nehmen, klein geschnittene Petersilie zum Gehackten geben und abkühlen lassen, bevor man das Eiweiß und den klein gewürfelten Schafkäse unterrührt.

Auberginen ausdrücken, in heißem Öl goldgelb braten und auf Haushaltspapier legen, damit das Fett abtropfen kann.

Eine hohe Auflaufform leicht einfetten und mit Auberginen als erste Schicht (etwas überlappend) belegen. Anschließend abwechselnd schichtweise mit Fleisch und Auberginen belegen.

Mit den restlichen Zutaten eine Béchamel-Soße herstellen. Dazu Butter in einen flachen Topf geben und schmelzen. Mehl zugeben und mit einem Schneebesen so lange verrühren, bis das Mehl ein wenig Farbe bekommen hat. Dann die kalte Milch zufügen und weiterrühren, bis die Soße einmal aufkocht und etwas dicklich wird. Vom Herd nehmen, etwas abkühlen lassen, dann die Eigelb und den Käse unterrühren. Mit etwas Salz und Muskat abschmecken und die fertige Béchamel-Soße über den Auberginen-Hackfleisch-Auflauf geben.

Im vorgeheizten Backofen bei 220 °C ca. 35 Minuten backen. Sollte der Auflauf noch zu hell sein, auf 250 °C hoch schalten und etwas überbacken lassen.

TIPP: Man kann den gleichen Auflauf auch je zur Hälfte mit Kartoffeln und Auberginen machen. Die Kartoffeln werden in Scheiben geschnitten und in heißem Öl angebraten.

Oder der gleiche Auflauf mit Nudeln: Man nimmt 1 kg Auberginen und 200 g Makkaroni. Die Nudeln vorher 10 Minuten kochen.

Eine kalorienärmere Variante wäre, den Auflauf ohne den Käse und die Béchamel-Soße zuzubereiten. Dann verzichtet man auch auf die 2 Eiweiß in der Hackfleisch-Füllung.

Spanakopita

BLÄTTERTEIGPASTETE MIT SPINAT UND SCHAFKÄSE

FÜR CA. 10 PERSONEN

1 ¹/₂ kg Spinat
8 Frühlingszwiebeln oder 2 große Zwiebeln
6 El Öl
300 g Schafkäse
2–3 Eier, je nach Größe
1 Paket griechischer Krustenblätterteig
200 g Margarine
¹/₂ Tasse lauwarmes Wasser

Blätterteig, sofern gefroren, auftauen. Spinat putzen, waschen und abtropfen lassen. Den Spinat in ein Sieb geben, 1 Tl Salz darüber streuen und mit den Händen kräftig ausdrücken, damit der bittere Saft herausläuft.

Öl in einem Topf erhitzen, die geputzten und in 1 cm dicke Scheibchen geschnittenen Frühlingszwiebeln darin glasig dünsten. Spinat zugeben und 5 Minuten dünsten.

Topf vom Herd nehmen und etwas abkühlen lassen.

Schafkäse in kleine Stücke schneiden und mit den Eiern zum Spinat geben. Mit etwas Salz und Pfeffer kräftig abschmecken.

In der Zwischenzeit Margarine schmelzen.

Ein großes Backblech einfetten. Die Hälfte des Blätterteigs nacheinander darauflegen, dabei jedes Blatt einzeln mit flüssiger Margarine bestreichen. Die Blätter sollten über das Backblech hinausragen.

Dann die Füllung darauf verteilen und die überstehenden Teile der Blätter über die Füllung nach innen klappen. Den Rest der Blätter in der Größe des Blechs zuschneiden, einfetten und wie am Anfang beschrieben nacheinander darauf legen, bis alle verbraucht sind.

Mit einem scharfen Messer bis zur Füllung in portionsgroße Stücke vorschneiden. Dann das Wasser und den Rest der Margarine darüber verteilen und im auf 220 °C vorgeheizten Backofen auf der mittleren Schiene 30–40 Minuten goldgelb backen.

Aus dem Ofen nehmen, mit einem Küchenhandtuch zudecken und 10 Minuten ruhen lassen.

BLÄTTERTEIGPASTETCHEN GEFÜLLT MIT:

Tiropitakia	=	**Schafkäse**
Kreatopitakia	=	**Hackfleisch**
Spanakopitakia	=	**Spinat**

(ZUSAMMEN CA. 48 STÜCK)

1 Paket griechischer Krusten-Blätterteig
250 g Margarine
ca. 1/2 Tasse Wasser

Blätterteig, sofern gefroren, langsam auftauen lassen.

Füllung für Tiropita:

250 g Schafkäse
2 kleine Eier
2 El klein gehackte Minze, Dill oder Petersilie
Pfeffer

Schafkäse in einem tiefen Teller mit der Gabel zerdrücken und mit Eiern, Pfeffer und klein geschnittenen Kräutern mischen. Beiseite stellen.

Füllung für Kreatopita:

250 g Hackfleisch (halb und halb)
250 g Zwiebeln
6 El Pflanzenöl
Salz, Pfeffer

Zwiebeln schälen und in grobe Würfel schneiden. Öl in einem Topf erhitzen und das Gehackte 5 Minuten nicht zu stark anbraten. Zwiebeln dazugeben und glasig dünsten. Mit Salz und Pfeffer kräftig abschmecken.

Füllung für Spanakopita:

250 g Blattspinat
1 große Zwiebel
4 El Pflanzenöl
100 g Schafkäse
1 Ei
Salz, Pfeffer

Spinat putzen, Wurzelenden abschneiden und gut waschen. In einem Sieb kurz abtropfen lassen, mit 1/2 Tl Salz bestreuen. Dann mit den Händen kräftig kneten, damit die Bitterstoffe mit dem Saft ausgeschwemmt werden. (Sollten die Spinatblätter zu groß sein, ein paar Mal durchschneiden).

Zwiebel schälen und würfeln. Öl in einem Topf erhitzen und darin die Zwiebel glasig dünsten. Den Spinat dazugeben und 5 Minuten weiterdünsten.

Topf vom Herd nehmen, abkühlen lassen. Zerbröckelten Schafkäse, Ei und Pfeffer dazugeben und kräftig abschmecken.

Herstellung der Pastetchen:

Margarine in einem kleinen Topf schmelzen.
Ein Backblech mit Backpapier belegen oder einfetten.
Backofen auf 180 °C vorheizen.

Blätterteig aus der Verpackung nehmen und auf der Arbeitsfläche ausrollen. Mit einem Pinsel jeweils das oberste Blatt mit der geschmolzenen Margarine einfetten.

Das Blatt einmal über die Schmalseite falten, vom Stapel herunternehmen und quer in 4 gleich breite Streifen schneiden.

Einen Esslöffel der jeweiligen Füllung darauf geben und wie nachfolgend gezeigt zu Dreiecken falten:

Die gefalteten Pastetchen dicht nebeneinander auf das vorbereitete Blech legen.
So lange wiederholen, bis alle vorbereiteten Blätterteigstreifen und Füllungen verbraucht sind.

Wasser in eine Tasse geben und mit einem Pinsel die Pastetchen damit gut befeuchten.

In den vorgeheizten Backofen geben und 35–45 Minuten goldgelb backen.

TIPP: Um den Blätterteig vor dem Austrocknen zu schützen, sollte man ihn mit einem feuchten Handtuch bedecken.

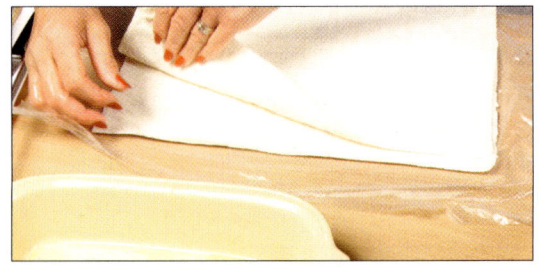

TIPP: Man kann die Pastetchen, bevor man Sie mit Wasser bepinselt, gut in einem geeigneten Behälter einfrieren und dann zu einem späteren Zeitpunkt so viele backen, wie man gerade braucht.

Nicht länger als 3 Monate tiefgekühlt lagern, da sonst der Geschmack leidet!

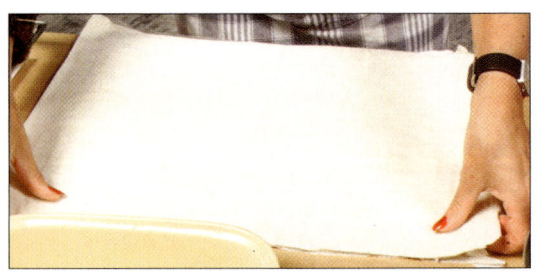

Auf den folgenden Bildern zeigen wir Ihnen, wie Sie die köstlichen Blätterteig-Dreicke herstellen können.

Makaronia, Risi, Avga

Nudeln, Reis, Eiergerichte

Makaronia, Risi, Avga

NUDELN, REIS, EIERGERICHTE

Die gastfreundlichen Griechen haben keine Probleme, einen unerwarteten Gast zu bewirten. Ein paar Eier, Nudeln oder Reis findet sich immer in der Speisekammer.

Mit Olivenöl, frischem Gemüse und etwas Fleisch zaubern Sie einfache Gerichte, die köstlich schmecken.

Die griechischen Nudelgerichte werden gerne mit frischen Tomaten im Backofen zubereitet. Eine gelungene und erfrischende Sommermahlzeit sind auch Nudeln nur mit Joghurt-Knoblauch serviert.

Für die Auflaufgerichte verwendet man am liebsten kleine Nudeln wie z. B. Chylopítes, quadratische Nudeln, die oft selbst zubereitet werden.

Reis wird als Beilage und auch mit Gemüse als Hauptgericht angerichtet.

Pilafi me Midia

MUSCHELREIS MIT TOMATEN UND MINZE

FÜR 4 PERSONEN

1 ¹/₂ kg Miesmuscheln
2 große Zwiebeln
¹/₂ kleine Dose Tomaten
2 Tassen Langkornreis
5 Tassen Muschelwasser
1 El getrocknete Minze
Salz, Pfeffer
Öl zum Anbraten

Muscheln gründlich waschen, vorhandenen Bart entfernen, in einen großen Topf geben, zu ²/₃ mit kaltem Wasser auffüllen und 10 Minuten kochen lassen. Muscheln auf ein Sieb schütten, dabei den Sud auffangen.

In einen flachen Topf reichlich Öl geben und erhitzen. Zwiebeln schälen, fein würfeln und im heißen Öl glasig werden lassen. Tomaten würfeln, mit dem Tomatensud und dem Muschelsud zu den Zwiebeln geben, 5 Minuten köcheln lassen, den Reis dazugeben, mit Salz, Pfeffer und Minze würzen. 15 Minuten bei schwacher Hitze kochen lassen.

In der Zwischenzeit die Muscheln (bis auf 12 Stück) aus den Schalen lösen und alle in den Topf geben. 1 mal umrühren und weitere 15 Minuten köcheln lassen, bis der Reis gar und die Flüssigkeit eingekocht ist.

Vom Herd nehmen, mit einem sauberen Küchentuch bedecken. Topfdeckel auflegen und 10 Minuten stehen lassen, damit der Reis in Ruhe quellen kann.

TIPP: Man kann das Gericht auch kalt essen.

Pastitio me Makaronia

NUDEL-HACKFLEISCH-AUFLAUF

FÜR 4 PERSONEN

500 g dicke Makkaroni
500 g Gehacktes
2–3 mittelgroße Zwiebeln
1 kleine Dose Tomaten
2 El Butter zum Braten
1 Tasse trockener Weißwein
Salz, Pfeffer
1 Messerspitze Zimt
2 El frisch gehackte Petersilie

Für die Béchamel-Soße:
6 El Butter
4 El Mehl
$^1/_2$ l Milch
3 Eier
1 Prise Muskat
8 El Kefalotiri
(ersatzweise Parmesan oder Greyerzer Käse)

Makkaroni in kochendes Salzwasser geben und 15 Minuten kochen. Auf ein Sieb schütten, mit kaltem Wasser kurz abspülen und beiseite stellen.

Gehacktes mit den fein gewürfelten Zwiebeln in einem flachen Topf in 2 El Butter anrösten, die gewürfelten Tomaten mit dem Saft und dem Wein in den Topf geben. Mit Salz, Pfeffer und dem Zimt kräftig abschmecken und ein paar Minuten köcheln lassen.

Topf vom Herd nehmen, Petersilie unterrühren und abkühlen lassen.

Mit den restlichen Zutaten eine Béchamel-Soße herstellen. Dazu Butter in einen flachen Topf geben und schmelzen lassen. Mehl dazugeben und mit einem Schneebesen so lange verrühren, bis das Mehl ein wenig Farbe bekommen hat.

Dann die kalte Milch hineingeben, weiterrühren und ein paar Minuten köcheln lassen, bis die Soße etwas dicklich geworden ist.

Vom Herd nehmen und etwas abkühlen lassen. Dann die in eine Schüssel aufgeschlagenen Eier und 2 El des Käses in die Creme rühren.

Eine hohe Auflaufform einfetten. Die Hälfte der Makkaroni gerade und alle in eine Richtung hineinlegen. 3 El Käse darüber streuen und die Masse Gehacktes verteilen. Nun den Rest der Nudeln in derselben Richtung obendrauf legen.

Zum Schluß die Béchamel-Soße darauf streichen und den Rest des Käses darüber geben. Im auf 220 °C vorgeheizten Backofen auf der mittleren Schiene 35 Minuten backen.

Sollte der Auflauf noch zu hell sein, auf 250 °C hochschalten und etwas überbacken lassen.

Risokeftedes

REISFRIKADELLEN

FÜR 4 PERSONEN

2 Tassen gekochter Langkornreis
500 g Gehacktes (halb und halb)
2 Eier
2 große Zwiebeln (klein gewürfelt)
1 El Paniermehl (mit etwas Wasser quellen lassen)
2 El klein gehackte Petersilie
2 El Minze (oder 1 El getrocknete)
Salz, Pfeffer
Essig zum besseren Formen der Frikadellen
Öl zum Braten

Alle Zutaten in eine Schüssel geben und gut miteinander mischen, mit Salz und Pfeffer abschmecken und ca. $1/2$ Stunde ziehen lassen.

Etwas Essig in einen Unterteller geben, die Hände damit befeuchten und die Frikadellen formen. In einer Pfanne in heißem Öl goldgelb braten.

Ergibt ca. 12 Frikadellen.

Avga me Tomata ke Tiri (Strapazada)

RÜHREI MIT TOMATEN UND SCHAFKÄSE

FÜR 2 PERSONEN

2 große Fleischtomaten
3 Eier
1 El Wasser
Salz, Pfeffer
200 g Schafkäse
4 El Olivenöl zum Braten

Die Tomaten kurz in kochendes Wasser legen und enthäuten, von den Kernen befreien und in Würfel schneiden.
Das Öl in einer Pfanne erhitzen, Tomatenwürfel hineingeben, salzen, pfeffern und 2–3 Minuten dünsten lassen.

In der Zwischenzeit die Eier in eine Schüssel aufschlagen, das Wasser dazugeben, leicht mit Salz (Vorsicht: der Käse ist salzig) und Pfeffer würzen und verquirlen.

Käse würfeln, mit den verquirlten Eiern über die Tomaten geben, mit einem Holzlöffel vorsichtig umrühren und bei mittlerer Hitze stocken lassen.

TIPP: Das Gericht wird in Griechenland als spätes Frühstück oder im Sommer mit einem Salat und frischem Weißbrot als leichtes Mittagessen serviert.

Prasoriso

LAUCH MIT REIS

FÜR 4 PERSONEN

6 Lauchstangen
¹/₂ Tasse Olivenöl
1 ¹/₂ Tassen Langkornreis
je 100 g Möhren und Sellerie
4 ¹/₂ Tassen heißes Wasser
Sellerieblätter
Salz, Pfeffer
Zitronensaft nach Geschmack

Lauch putzen, waschen, trocknen und in 2 cm lange Stücke schneiden. Das Olivenöl in einem großen flachen Bratentopf warm werden lassen, die Lauchstücke hineingeben und leicht andünsten (Vorsicht: Nicht braun werden lassen).

Möhren waschen, schälen und in ca. 1 cm dicke Scheibchen schneiden. Den Sellerie waschen, schälen und in mittelgroße Würfel schneiden. Mit dem Reis zu dem Lauch geben und 2–3 Minuten dünsten. Mit heißem Wasser löschen und mit Salz und Pfeffer würzen. Zudecken und bei mittlerer Flamme köcheln lassen, bis die Flüssigkeit eingezogen ist.

Nach 10 Minuten die gewaschenen Sellerieblätter hinzufügen und einmal mit dem Holzlöffel umrühren.

Nach weiteren 15 Minuten den Topf vom Herd nehmen, mit einem Küchentuch zwischen Topf und Deckel bedecken und noch 15 Minuten ziehen lassen.

Zitronensaft in einem kleinen Gefäß mit auf den Tisch stellen, so dass jeder nach Geschmack würzen kann.
Frisch gemahlenen Pfeffer darüber streuen.

Das Gericht schmeckt auch kalt sehr gut.

Avga me freska Kromidakia

RÜHREI MIT FRÜHLINGSZWIEBELN

FÜR 2 PERSONEN

4 große Frühlingszwiebeln
4 Eier
1 El Wasser
Salz, Pfeffer
4 El Olivenöl zum Braten

Frühlingszwiebeln waschen, abtrocknen und in 1 cm lange Stücke schneiden (auch das Grün). Die Eier in einer Schüssel aufschlagen, das Wasser dazugeben, mit Salz und Pfeffer würzen und das Ganze verquirlen.

Das Öl in einer Pfanne erhitzen, Zwiebelstücke hineingeben und ein paar Minuten dünsten.

Die verquirlten Eier über die Zwiebeln geben, ein paar Mal vorsichtig umrühren und bei mittlerer Hitze stocken lassen.

Mit einem Bauernsalat und frischem Weißbrot ein wunderbar leichtes Essen.

Makaronia me Skordo ke Jiaurti

NUDELN MIT JOGHURT-KNOBLAUCH-SOSSE

FÜR 4 PERSONEN

500 g Schleifchennudeln
500 g Sahnejoghurt 10 %
3 große Knoblauchzehen
Salz
2 El Butter

Nudeln im Salzwasser gar kochen, abschütten. 1 Tasse von dem Wasser auffangen.

In der Zwischenzeit den Joghurt in eine Schüssel geben. Die Knoblauchzehen schälen, grob schnei-den und in einem Mörser mit etwas Salz zer-stampfen.

Den Knoblauch und ein paar Esslöffel der Brühe mit dem Joghurt verrühren, bis die Masse cremig geworden ist. Evtl. noch mit etwas Salz abschme-cken.

Die Butter in einem Topf schmelzen, die Nudeln darin schwenken, die Knoblauchsoße unter-mischen und heiß servieren.

Kreas

Fleisch

Kreas

FLEISCH

In Griechenland verzehrt man hauptsächlich Hammel, Schwein oder Kalb. Das Fleisch wird gebraten, gekocht und vor allen Dingen gegrillt – in zahllosen Verbindungen mit regionalem Gemüse und mit pikanten Gewürzen, die den Geschmack bereichern.

Bekannt sind die Lammrippchen und die berühmten Fleischspießchen Suvlaki vom Holzkohlengrill.

Bekri-Mese

KALBFLEISCH-GULASCH

FÜR 4 PERSONEN

1 kg Kalbfleisch
2–3 El Öl zum Anbraten
1 große Zwiebel
2 Knoblauchzehen
1 El Mehl
1 große Möhre
750 ml trockener Rotwein
100 g Tomaten frisch oder aus der Dose
1 El Tomatenmark
je 1 Tl getrockneter Thymian und Oregano
je 1 Messerspitze Muskatnuß und Piment
1 Zimtstange
1/2 Tl Zimtpulver
1 Chilischote
3 Nelken
15 grüne Pfefferkörner
1 Tl Zucker
Salz
1/2 Bund Petersilie

Fleisch waschen, mit Haushaltspapier trocknen und in 2 x 2 cm große Würfel schneiden. Öl in einem Bräter erhitzen und das Fleisch von allen Seiten goldgelb anbraten.

Knoblauchzehen schälen, durch die Knoblauchpresse drücken oder im Mörser zerstoßen. Zwiebel schälen und klein würfeln.

Möhre waschen, schälen und fein raspeln.

Knoblauch, Zwiebel und Möhre zum Fleisch geben und glasig werden lassen. Mehl darüber streuen und gut umrühren, mit Wein ablöschen.

Die Tomaten klein schneiden, mit dem Tomatenmark und den Gewürzen zum Fleisch geben.

Zugedeckt bei kleiner Flamme ca. 90 Minuten köcheln lassen.

Nach 60 Minuten salzen, pfeffern und kurz vor Ende der Garzeit die klein geschnittene Petersilie dazugeben.

Das Gericht kann als Mezé, also Vorspeise, für 8 Personen gegessen werden oder als Hauptgericht für 4 Personen mit Nudeln, Reis oder mit in Olivenöl frittierten Kartoffelstäbchen als Beilage.

Paidakia stin sjara

LAMMKOTELETTS GEGRILLT

FÜR 4 PERSONEN

ca. 1,2 kg Lammkoteletts
6 El Olivenöl
2 große Knoblauchzehen
etwas Salz, Pfeffer
Saft von 1/2 Zitrone
1 Tl Oregano oder Thymian

Die Koteletts waschen, mit Haushaltspapier trockentupfen und mit einem scharfen Messer den Fettrand in Abständen von 1 cm einschneiden. (Das macht man, weil sich der Fettrand beim Grillen oder Braten verkürzt und das Fleisch sonst eine Wölbung bekommt und nicht mehr richtig auf dem Grill oder in der Pfanne liegt.)
Für die Marinade die Knoblauchzehen schälen, in 3-4 Stücke schneiden und mit dem Salz in einem Mörser fein zerstampfen, so dass eine Paste entsteht. Zitronensaft, Öl, Pfeffer und Oregano oder Thymian dazugeben und zu einer Soße verrühren. Die Koteletts damit einpinseln, in einen Behälter übereinander schichten und zugedeckt über Nacht im Kühlschrank durchziehen lassen.

Holzkohle oder Grillbriketts vorbereiten und anzünden. Die Lammkoteletts aus der Marinade nehmen, auf den heißen Rost des Holzkohlengrills legen und ca. 6–10 Minuten (je nach Temperatur der Kohle) von beiden Seiten grillen.
Alternativ im Grill eines Elektroherds 4 Minuten je Seite grillen oder in einer nicht zu heißen Pfanne 3–4 Minuten pro Seite braten.

TIPP: So eingelegt können Sie die Koteletts ein paar Tage im Kühlschrank lagern, und sie schmecken immer besser. Probieren Sie das Ganze auch mal mit Nackenkoteletts vom Schwein.

Sikotakia riganata

LAMMNIEREN MIT OREGANO

FÜR 4 PERSONEN

650 g Lammnieren
2 El Oregano
8 El Öl zum Braten
Salz, Pfeffer
1 Tomate und Petersilie zum Garnieren.

Nieren waschen, mit Haushaltspapier abtupfen, Haut abziehen und in 1 cm dicke Scheibchen schneiden, dabei die Mittelsehne und Fettstückchen herausschneiden.

Die Nieren in Oregano wälzen und in sehr heißem Öl kräftig braten.

Salzen, etwas pfeffern, auf Teller verteilen und mit Tomate und Petersilie dekoriert servieren.

Ein guter Mezé (Snack) zum Ouzo oder als Vorspeise mit einer Scheibe Weißbrot.

Kunelli Stifado

KANINCHEN MIT ZWIEBELN IN TOMATENSOSSE

FÜR 4 PERSONEN

1 Kaninchen ca. 1,2 kg
Öl zum Anbraten
1 kg möglichst kleine Zwiebeln
2 Knoblauchzehen
$^1/_2$ l Weißwein
$^1/_2$ l Wasser
2 El Tomatenmark
3 Lorbeerblätter
5 Pimentkörner
Salz, Pfeffer, Zimt nach Geschmack
1 Tl Mondamin

Kaninchen in 8 Stücke teilen und in heißem Öl goldgelb anbraten, mit dem Wein löschen. Tomatenmark in $^1/_2$ Tasse Wasser verrühren und zu dem Fleisch geben. Auf kleiner Flamme köcheln lassen.
In der Zwischenzeit die Zwiebelchen schälen, das spitze Ende dranlassen.

Knoblauchzehen schälen, in dünne Scheibchen schneiden und mit den Zwiebelchen und den Gewürzen zum Fleisch geben.
Deckel auf den Topf geben und den Topf einmal aufschütteln, damit sich alles etwas vermengt.
Auf kleiner Flamme schmoren lassen, bis alles gar ist.
Sollte die Soße zu dünnflüssig sein, kann man sie mit dem Mondamin binden. Dazu Mondamin in etwa 3 El Wasser verrühren, unter das Essen rühren und nochmals kurz aufkochen lassen.
Garzeit ca. 1–1 $^1/_2$ Stunden
Als Beilage serviert man frisches Weißbrot.

Das gleiche Gericht kann man auch mit Rindfleisch zubereiten.
Dafür das Fleisch in dicke Würfel schneiden.
Tomatenmark, Zwiebelchen und Gewürze erst hineingeben, wenn das Fleisch fast gar ist.

95

Fasolakia me to Kreas

HAMMELFLEISCH MIT BOHNEN

FÜR 4 PERSONEN

1 kg Lamm- oder Hammelfleisch
aus der Keule oder Schulter
1 kg grüne Bohnen
2–3 große Zwiebeln
2–3 Knoblauchzehen
$^1/_2$ kg Tomaten aus der Dose
oder reife, frische Tomaten
Salz, Pfeffer
Olivenöl
1 Bund Petersilie

Fleisch in Portionsstücke schneiden und in heißem Öl anbraten, die klein geschnittenen Zwiebeln und die in Scheibchen geschnittenen Knoblauchzehen zugeben und glasig werden lassen.

Mit warmem Wasser ablöschen (so viel, dass das Fleisch bedeckt ist) und auf kleiner Flamme ca. 60 Minuten köcheln lassen.

Dann die gewürfelten Tomaten und die Hälfte der Petersilie klein geschnitten zum Fleisch geben, salzen, pfeffern und 15 Minuten weiterkochen. Anschließend die geputzten Bohnen hinzufügen und auf kleiner Flamme bissfest kochen.
Noch mal abschmecken, die restliche klein geschnittene Petersilie unterziehen und warm mit frischem Brot und einem Salat servieren.

Das Gericht kann man auch mit Rind-, Schweine- oder Kalbfleisch zubereiten oder als weitere Variante mit 800 g Bohnen und 200 g Kartoffeln.

Prasa me to Kreas

FLEISCH MIT LAUCH

FÜR 4 PERSONEN

1 kg Lamm- oder Schweineschulter
1 $^1/_2$ kg Lauch
2 große Zwiebeln
je 80 g Möhren und Sellerie
$^1/_4$ l Wasser
Öl, Salz, Pfeffer
Saft von $^1/_2$ –1 Zitrone (nach Geschmack)

Fleisch in dicke Würfel schneiden und in heißem Fett hell anbraten. Zwiebeln würfeln, zugeben und glasig werden lassen. Mit Wasser ablöschen und bei kleiner Flamme 60 Minuten schmoren lassen.

Lauch, Möhren und Sellerie waschen und putzen. Lauch in 3 cm lange Stücke schneiden, Möhren in 1 cm lange Stücke und den Sellerie in 1 cm große Würfel schneiden.

Ist das Fleisch fast gar, das Gemüse hinzugeben, mit Salz und Pfeffer würzen und so lange bei kleiner Flamme köcheln lassen, bis das Gemüse bissfest ist.

Bei zu viel Flüssigkeit den Deckel auflassen, damit sie etwas verdampfen kann.

Kurz vor dem Servieren mit Zitronensaft abschmecken und mit frischem Brot servieren.

Arnaki frikase me maruli i andidia

LAMMFLEISCH MIT RÖMERSALAT ODER ENDIVIEN

FÜR 4 PERSONEN

*1 kg Lammfleisch aus der Keule oder
Schulter
1 ¹/₂ kg Römersalat oder Endivien
1 Bund frische Lauchzwiebeln oder
2 mittelgroße Zwiebeln
1 Bund Dill
2 El getrocknete Minze
Salz, Pfeffer
Mondamin*

*Für die Soße:
3 Eigelb
1 El Wasser
Saft von 1 Zitrone (nach Geschmack)*

Fleisch in große Stücke schneiden, in heißem Öl leicht anbraten. Zwiebeln schälen, klein schneiden (bei den frischen Lauchzwiebeln auch das Grün benutzen), zum Fleisch geben, glasig werden lassen. Mit etwas warmem Wasser ab- löschen, so dass das Fleisch bedeckt ist, und ca. 60 Minuten schmoren lassen.

Endivien oder Römersalat waschen, in breite Streifen schneiden und in kochendem Salzwasser ein paar Minunten kochen lassen. In einem Sieb abtropfen lassen.

Vor Ende der Garzeit das Fleisch salzen und pfeffern, das Gemüse und die Kräuter dazugeben und schmoren lassen, bis das Gemüse bissfest ist.

Sollte die Soße noch zu flüssig sein, mit etwas Mondamin binden. Topf vom Herd nehmen.

Für die Soße Eigelb in einem tiefen Teller mit einem El Wasser verrühren. Mit einer Schöpfkelle Sud aus dem Topf nehmen und vorsichtig unter das Eigelb mischen, mit Zitronensaft abschmecken und über das Essen geben. Die Ei-Zitronen-Soße leicht unterrühren und warm mit frischem Weißbrot servieren.

Arnaki me Araka

LAMMFLEISCH MIT BUTTERERBSEN

FÜR 4 PERSONEN

1 kg Lammschulter oder -keule ohne Knochen
1 kg frische Buttererbsen oder 1 kg tiefgefrorene Erbsen
50 g Palmin zum Anbraten
1 große Zwiebel
1/4 l Wasser
150 g Frühlingszwiebeln (mit Grün)
1 Bund Dill
2 El Fenchelgrün oder 1/2 mittelgroße Fenchelknolle
1 El Mondamin zum Binden
1 Tasse Wasser
2 El Zitronensaft

Fleisch in 5 x 6 cm große Stücke schneiden und in heißem Fett von allen Seiten kurz hell anbraten, um die Poren zu schließen.

Die geschälte und gewürfelte Zwiebel zugeben, glasig werden lassen und dann mit dem Wasser ablöschen. Bei schwacher Hitze ca. 60 Minuten schmoren, bis das Fleisch fast gar ist.
In der Zwischenzeit die Erbsen waschen, abtropfen lassen und die Schoten wie bei Bohnen von den Fäden befreien. Tiefgefrorene Erbsen nach Gebrauchsanleitung weiterverarbeiten.

Die Frühlingszwiebeln, das Fenchelgrün (Fenchelknolle) und den Dill waschen und in 1 cm lange Stückchen schneiden.

Kurz vor Ende der Garzeit Erbsen, Frühlingszwiebeln, Dill, etwas Salz und Pfeffer zum Fleisch geben und vorsichtig unterrühren. Bei kleiner Flamme ca. 20 Minuten köcheln lassen, bis die Erbsen gar sind.

Sollte die Soße noch zu flüssig sein, Mondamin in einer Tasse mit kaltem Wasser verrühren, über das Essen geben, leicht umrühren und kurz aufkochen lassen.

Mit Zitronensaft nach Geschmack und wenn erforderlich mit etwas Salz und Pfeffer abschmecken. Mit frischem Weißbrot servieren.

Als Variante kann man auch statt 1 kg Erbsen 250 g kleine Kartoffeln und 750 g Erbsen verwenden.

Arni exohiko

LAMMFLEISCH BAUERNART

FÜR 4 PERSONEN

800 g Lammkeule ohne Knochen
150 g Butter oder Öl
200 g Erbsen (TK)
8 Frühlingszwiebeln
250 g kleine Kartoffeln
6 kleine Tomaten oder 1 kleine Dose Tomaten
100 g Schafkäse
¹/₂ Bund Petersilie
Salz, Pfeffer
4 Blatt gefrorener griechischer Blätterteig

Fleisch in große (4 x 4 cm) Würfel schneiden, in heißem Fett leicht anbraten, herausnehmen und beiseite stellen.

Erbsen auftauen lassen und mit den klein geschnittenen Frühlingszwiebeln (ca. 1 cm lang) und den geschälten ganzen Kartoffeln in heißer Butter leicht anschmoren.

Geschälte, gewürfelte Tomaten und die klein geschnittene Petersilie zu den Erbsen geben, mit Salz und Pfeffer abschmecken und einmal aufkochen. Vom Herd nehmen, abkühlen lassen und den gewürfelten Schafkäse unterheben.

Ein Blatt aufgetauten Blätterteig mit etwas geschmolzener Butter bestreichen und doppelt legen. Darauf ¹/₄ des Gemüses und des Fleischs geben und zu einer Roulade wickeln. (Vorsicht, die Soße darf nicht zu flüssig sein.)

Ein Backblech mit Backpapier belegen und die Roulade darauf platzieren. Ebenso mit dem Rest der Zutaten verfahren.

Alle 4 Rouladen mit Butter bestreichen und mit einem Blatt Backpapier bedecken. Im vorgeheizten Backofen bei 180 °C ca. 75 Minuten goldgelb backen.

Suwlakia Arnisia

LAMMSPIESSCHEN

FÜR 4 PERSONEN

---

1 kg Lammkeule ohne Knochen
16 Holzspießchen
¹/₂ Tasse Olivenöl
Saft von 1 Zitrone
1 Tl Salz, etwas Pfeffer
1 Tl Oregano

Das Fleisch in 2–3 cm große Würfel schneiden, dabei von Sehnen befreien und auf die Spießchen stecken.

Für die Marinade Öl, Zitronensaft, Salz und Pfeffer in einem Behälter zu einer Soße verrühren. Die Fleischspießchen hineinlegen, mit der Soße gut bedecken. Den Behälter zudecken und die Spießchen am besten über Nacht im Kühlschrank in der Marinade durchziehen lassen.
Den Grill mit Holzkohle oder Briketts befeuern. Die Spießchen aus der Marinade nehmen, das Öl etwas abtropfen lassen und auf den Rost des Grills legen. Ca. 6–10 Minuten (je nach Temperatur der Kohle) von allen Seiten grillen.

Die Spießchen mit Oregano würzen und mit einem griechischen Bauernsalat und frischem Brot servieren.

Alternativ im Grill eines Elektro-Herds 4 Minuten je Seite grillen.

TIPP: Ein alter Trick meiner Großmutter, um Holzkohle einfacher anzuzünden:
Holzkohle oder Briketts in der Kohlenpfanne des Grills zu einem Haufen schichten und darauf als „Kamin" eine leere, nicht zu große Konservendose stellen, aus der beide Deckel herausgetrennt sind. Dann einfach die Kohle mit Grillanzünder anbrennen, und nach ca. 20 Minuten ist die Kohle von selbst und ohne mühsames Wedeln oder Pusten durchgeglüht.

Probieren Sie es mal aus – Sie werden staunen.

Sutzukakia

FRIKADELLCHEN MIT KREUZKÜMMEL

FÜR 4 PERSONEN

---

500 g Hackfleisch (halb und halb)
2 Eier
2 Knoblauchzehen
1 El Olivenöl
6 El Wasser
4 El Paniermehl
¹/₃ Tl Kimeno (Gewürzmischung, findet man
in türkischen Lebensmittelgeschäften)
je 1 Messerspitze frisch gemahlener Zimt und Piment
Salz, Pfeffer

2–3 El Essig zum Formen der Frikadellchen

Wasser und Paniermehl in eine Tasse geben und etwas einweichen lassen.

Die restlichen Zutaten in eine Schüssel geben und mit dem eingeweichten Paniermehl zu einem Frikadellenteig verkneten.

Den Essig auf einen kleinen Teller geben, die Handflächen darin befeuchten und aus dem Teig längliche Würstchen von ca. 3 x 8 cm formen.

Auf ein gefettetes Backblech oder in eine Auflaufform legen und im vorgeheizten Backofen bei 200 °C ca. 30 Minuten backen.

TIPP: Besser schmecken die Frikadellchen, wenn der Teig ein paar Stunden durchziehen kann. Am besten einen Tag vorher vorbereiten und in einem geschlossenen Behälter im Kühlschrank aufbewahren.

Spetsofagi

BAUERNWÜRSTE IN FEURIGER PAPRIKA-TOMATEN-SOSSE

FÜR 4 PERSONEN

---

2 Kabanossi
2 große Zwiebeln
1 Knoblauchzehe
je 1 rote, grüne, gelbe Paprikaschote
1 kleine Dose Tomaten
Salz, Pfeffer
1 Prise Cayennepfeffer
Öl

Kabanossi in ¹/₂ cm breite Streifen schneiden. Zwiebeln in halbe Ringe, Knoblauch in dünne Scheibchen, Paprika in ¹/₂ x 4 cm Streifen schneiden.

Ein paar El Öl in eine große Pfanne geben, Kabanossi goldgelb anbraten, dann Zwiebeln, Knoblauchzehen und Paprikastreifen zugeben und glasig werden lassen.

Gewürfelte Tomaten und den Saft aus der Dose dazugeben und ca. 10 Minuten köcheln lassen, mit den Gewürzen nach Belieben abschmecken.

Alles in eine Auflaufform füllen, für 30 Minuten in den auf 220 °C vorgeheizten Backofen geben und backen.

Mit frischem Weißbrot servieren.

Jiuvetsi

LAMMKEULE IM BACKOFEN MIT REISFÖRMIGEN NUDELN

FÜR 4 PERSONEN

1,2 kg Lammkeule
2 Knoblauchzehen
Salz, Pfeffer
je 2 El Olivenöl und Zitronensaft
5 El Wasser

Bratschlauch

Knoblauchzehen in Stifte schneiden, in Salz und Pfeffer wälzen. Mit einem spitzen Messer kleine Löcher in die Keule stechen und mit den Knoblauchstiften spicken.

Öl, Zitronensaft, Salz und Pfeffer miteinander verrühren und die Keule damit bestreichen.

Mit dem Bratschlauch eine passende Tüte herstellen, die Keule hineingeben, gut verschließen und mit einem spitzen Gegenstand ein kleines Loch in die Folie pieksen.

In den (je nach Folie) auf 180 °C vorgeheizten Backofen geben (auf den Rost im unteren Drittel) und 2 ½ Stunden garen. Unter dem Rost zur Vorsicht ein Backblech einschieben.

250 g Kritharaki (reisförmige Nudeln)
¼ l Flüssigkeit (Bratensud und Wasser)
2 El Tomatenmark
Salz, Pfeffer

Keule aus dem Backofen nehmen, in den Beutel ein kleines Loch schneiden und den Sud in ein Litermaß gießen. Mit kochendem Wasser auf ¼ l auffüllen, Tomatenmark darin verrühren und kräftig mit Salz und Pfeffer abschmecken.

Den Sud in ein tiefes Backblech schütten und in den auf 200 °C aufgeheizten Backofen geben. Zwischenzeitlich die Keule einpacken und warm stellen.

Wenn der Sud anfängt zu köcheln, die Nüdelchen hineingeben, gut verrühren und gleichmäßig auf dem Blech verteilen.

Nach 20 Minuten die Keule aus der Folie nehmen und in die Mitte des Bleches legen, dabei die Nüdelchen noch mal umrühren, dann 25 Minuten weiter garen. In dieser Zeit evtl. die Keule noch mal drehen.

Heiß servieren!

Its Pilav

LAMM- ODER PUTENLEBER IN REIS

FÜR 4 PERSONEN

500 g Lamm- oder Putenleber
2 Tassen Patna-Reis
5 Tassen Wasser
1 mittelgroße Zwiebel
2 Frühlingszwiebeln
100 g Pinienkerne
100 g Sultaninen
1 Bund Dill
Öl
1 El Butter
Salz, Pfeffer

Leber in 3 x 3 cm große Stücke schneiden, in einer Pfanne mit etwas Öl leicht anbraten und warm stellen.
In einem Topf die Butter erhitzen, klein gewürfelte

Zwiebel und Reis zugeben. Verrühren, bis alles etwas Farbe bekommen hat. Jetzt mit heißem Wasser ablöschen und zugedeckt bei schwacher Hitze ca. 10 Minuten köcheln lassen. Dann Leber, Pinienkerne und Sultaninen dazugeben und mit Salz und Pfeffer abschmecken.

Wenn die Flüssigkeit eingekocht ist, klein geschnittene Frühlingszwiebeln und Dill vorsichtig unterheben. Wenn der Reis gar ist, den Topf vom Herd nehmen, mit einem Küchenhandtuch bedecken und den Deckel wieder darauf setzen, dann 10 Minuten stehen lassen.

Den Reis in eine Rodon-Kuchenform geben und auf eine runde Platte stürzen. Mit kleinen Scheiben Tomaten und etwas Petersilie dekoriert heiß servieren.

Arni Schofristo

LAMMFLEISCH SÜSS-SAUER

FÜR 4 PERSONEN

1 1/2 kg Lammfleisch aus der Keule
2–3 Knoblauchzehen
1 Tasse milden Essig
1 Tasse Wasser
Öl, Salz, Pfeffer
2–3 El Mehl zum Wenden

Fleisch in ca. 1 cm dünne Scheibchen schneiden, etwas platt klopfen, in Mehl wenden und in heißem Öl braten.

In einem flachen Topf aufschichten.

Knoblauchzehen schälen, in dünne Scheibchen schneiden und in der Pfanne, in der das Fleisch gebraten wurde, glasig werden lassen. Wasser, Essig und Mehl miteinander verrühren und damit die Knoblauchzehen ablöschen. Mit Salz und Pfeffer abschmecken, über das Fleisch geben und bei kleiner Flamme köcheln lassen, bis das Fleisch gar ist.

Den Kochtopf während der Garzeit immer wieder hin und her bewegen, damit nichts anbrennt (nicht verrühren!).

Das Fleisch wird zu Kartoffelpüree oder Pommes frites serviert.

Poulerika

Geflügel

Poulerika

GEFLÜGEL

Auch in der griechischen Küche finden wir spezielle Rezepte für die Zubereitung von Geflügel. Sein helles, leicht bekömmliches Fleisch, mit vielen Proteinen und wenig Fett, wird in der leichten Sommerküche sehr geschätzt.

Hina jemisti

GEFÜLLTE GANS

FÜR 4 PERSONEN

1 Gans ca. 1,5 kg
250 g säuerliche Äpfel
750 g Maronen
1 große Zwiebel
Saft von 2 Zitronen
2 El Butter
Salz, Pfeffer, Thymian, Majoran
1 Prise Zucker

Die Maronen an der Oberfläche kreuzförmig mit einem scharfen Messer einritzen. Auf ein Blech legen und in den auf 220 °C vorgeheizten Backofen geben. Sobald sich die Schale löst (nach ca. 30 Minuten), aus dem Ofen nehmen, etwas abkühlen lassen und die Schale abziehen (auch die dünne Haut).

Die Äpfel schälen, entkernen, in kleine Stücke schneiden und mit Zitronensaft beträufeln.

Zwiebel schälen und grob würfeln. Butter in einem Topf erhitzen, Zwiebel, Äpfel und halbierte Maronen zugeben und vorsichtig leicht anrösten. Mit den Gewürzen kräftig abschmecken.

Die küchenfertige Gans waschen, trocknen und kräftig innen und außen mit Salz, Pfeffer und Majoran würzen. Jetzt die Apfel-Maronen-Masse in den Bauchraum der Gans füllen, mit einem Zwirnfaden zunähen oder mit Zahnstochern feststecken. Die Gans in einen großen Bräter geben und mit $1/8$ l Wasser begießen. In den auf 230–240 °C vorgeheizten Ofen geben. Nach 30 Minuten auf 180 °C herunterschalten und weitere 120 Minuten garen. Von Zeit zu Zeit die Gans mit dem eigenen Saft begießen.

Kurz vor Ende der Garzeit die Oberfläche mit Salzwasser bestreichen, damit die Haut schön braun und knusprig wird.

Kotopulo Marinato

MARINIERTES HÄHNCHEN

FÜR 4 PERSONEN

1 Poularde ca. 1,2 kg

Für die Marinade:
1 Flasche Rotwein
2 Möhren
1 große Zwiebel
1 Lauchstange
1 Knoblauchzehe
1 Tl Oregano
1 Lorbeerblatt
$^1/_2$ Tl Salz
$^1/_8$ l Olivenöl
Pfeffer

Öl zum Braten
1 El Mehl
12 kleine Zwiebeln
250 g Champignons
$^1/_2$ Bund Petersilie

Als Beilage:
8 Scheiben Baguette
2–3 El Butter
2 mittlere Knoblauchzehen

Poularde waschen und mit Haushaltspapier abtrocknen. Mit der Geflügelschere in 8 Portionen schneiden und in einen großen Topf legen.

Möhren und Lauch waschen, Zwiebeln und Knoblauchzehen schälen, alles in grobe Scheiben schneiden. Die übrigen Zutaten für die Marinade über die Poularde geben und 24 Stunden zugedeckt an einem kühlen Ort ziehen lassen.

Am nächsten Tag Poulardenstücke aus der Marinade nehmen und mit Haushaltspapier abtrocknen.

Champignons putzen, in Scheibchen schneiden und die Zwiebelchen schälen.

In einem großen Bratentopf Öl heiß werden lassen und die Poulardenteile darin goldgelb anbraten. Aus dem Topf nehmen und beiseite legen.

Marinade durch ein Sieb passieren, das Mehl unterrühren und in den Topf geben, in dem die Poulardenteile angebraten wurden. Einmal aufkochen lassen und jetzt die Poulardenstücke, die ganzen Zwiebelchen und die Champignons dazugeben und 30–45 Minuten auf kleiner Flamme köcheln lassen. Nach 15 Minuten mit Salz und Pfeffer würzen. Sollte die Soße noch zu flüssig sein, kurze Zeit mit offenem Deckel kochen lassen.

Kurz vor dem Servieren die Brotscheiben rösten. Dazu eine Pfanne mit den Knoblauchzehen gut einreiben, die Butter darin schmelzen lassen. Die Brotscheiben bei mittlerer Hitze goldgelb rösten und auf einen Teller geben.

Poulardenstücke auf eine vorgewärmte ovale Platte geben und mit Soße übergießen. Mit (zuvor gewaschener) Petersilie dekoriert servieren.

Sikoti Jalopulas me Saltsa Domatas

PUTENLEBER IN TOMATENSOSSE

FÜR 4 PERSONEN

600 g Putenleber
6 El Olivenöl
300 g Zwiebeln
3 mittelgroße Knoblauchzehen
1/2 Tl Zucker
je 1/4 Tl Zimt und Piment
1 kleine Dose Tomaten
oder 1 El Tomatenmark mit 1/4 l Wasser
je 1 Prise Cayennepfeffer und schwarzer Pfeffer
Salz nach Geschmack

Zwiebeln und Knoblauchzehen schälen, die Zwiebeln in halbe Ringe schneiden, den Knoblauch fein hacken.

Öl in einem Topf heiß werden lassen und die Zwiebeln und die Knoblauchzehen darin goldgelb anbraten.

Leber in mundgerechte Stücke schneiden, in den Topf geben und kurz anbraten.

Tomaten durch die flotte Lotte passieren, damit die Kerne zurückbehalten werden. Über die Leber geben und mit den Gewürzen abschmecken, dabei vorsichtig rühren.

Auf kleiner Flamme ca. 10 Minuten garen.

Dazu kann man als Beilage Reis oder Kartoffelpüree und einen Salat servieren.

Kotopulo me Elies

HÄHNCHEN MIT OLIVEN

FÜR 4 PERSONEN

1 Poularde von ca. 1,2 kg
3-4 El Öl
3 Knoblauchzehen
150 g schwarze Oliven (Kalamon)
2 El Essig
1/4 l Weißwein
Salz, Pfeffer

Poularde in 8 Teile schneiden und in einem Topf in heißem Öl von allen Seiten goldgelb anbraten. Die geschälten und in Scheibchen geschnittenen Knoblauchzehen dazugeben und mit dem Wein und dem Essig ablöschen, danach salzen und

pfeffern. Auf kleiner Flamme ca. 30 Minuten schmoren lassen.

In der Zwischenzeit die Oliven halbieren, entkernen und zum Fleisch geben.

Evtl. noch etwas Wasser zugeben und bei kleiner Flamme noch 15–30 Minuten gar köcheln lassen. Mit Salz und Pfeffer nochmals abschmecken.

Auf eine Platte geben, mit Petersilie dekorieren.

Dazu werden Pommes frites oder körnig gekochter Reis und Salat serviert.

Psaria

Fisch

Psaria

FISCH

Griechenland ist das klassische Seefahrerland schlecht-
hin. Und einer der Schätze dieses Landes ist die große
Fisch- und Meerestiervielfalt des Mittelmeeres.
Fisch bereitet man in der griechischen Küche mit einer
Vielzahl an Geschmacksrichtungen zu. Ob gegrillt,
gekocht oder gebacken – für jeden Fischliebhaber ist ewas
dabei. So ist der Fisch in den griechischen Küsten-
regionen ein Teil der täglichen Ernährung.

Bakaliaros me Skordalia

BACKFISCH MIT KNOBLAUCHPÜREE

FÜR 4 PERSONEN	
1 kg Kabeljaufilet	1 kg Kartoffeln
Salz	Salz
Zitronensaft	
6 El Mehl	Knoblauchpüree:
6 El Bier	2–3 Knoblauchzehen
Öl zum Ausbacken	1–2 Tl Essig
	⅛ l Olivenöl

Fisch waschen, mit Haushaltspapier trockentupfen, salzen, mit Zitronensaft beträufeln und
20 Minuten ziehen lassen.

Aus Mehl, Bier, etwas Salz und Pfeffer einen dick-
flüssigen Teig herstellen. Den Fisch darin wälzen
und in heißem Fett schwimmend goldgelb
backen.

Kartoffeln schälen, in Salzwasser kochen und
durch eine Kartoffelpresse drücken.

Knoblauchzehen schälen, 2–3 mal durchschneiden
und mit etwas Salz in einem Mörser cremig
zerdrücken. Mit dem Essig und Öl zu den Kartoffeln geben und gut verrühren. Es soll eine feste,
cremige Masse werden.
Das Kartoffelpüree kann lauwarm oder auch kalt
zum Fisch gegessen werden.

PS: Dazu kann man 1 kg gekochte, in grobe
Stücke geschnittene Rote Bete mit einer Soße aus
einer großen, zerstampften Knoblauchzehe, etwas
Salz, 2 El Essig und 4 El Olivenöl servieren.

Kalamarakia jemista

GEFÜLLTE CALAMARES

FÜR 4 PERSONEN

1 kg Calamares (ca. 20 Stück)
2 große Zwiebeln
100 g Rundkornreis
4 El Öl
1 El klein geschnittene Petersilie
2 El klein geschnittene Minze
Saft einer Zitrone
Salz, Pfeffer.

Calamares von Kopf und Tentakeln trennen und Innereien entfernen. Das nagelähnliche durchsichtige Schild vom tütenförmigen Körper entfernen. Haut abziehen, bis das weiße Fleisch zu sehen ist. Alles waschen, auf einem Sieb abtropfen lassen und anschließend mit Haushaltspapier abtrocknen.

Für die Füllung:
Tentakel in 1 cm kleine Stücke schneiden und mit den klein gewürfelten Zwiebeln in einem flachen Topf in Öl glasig dünsten. Reis dazugeben und kurz mit anrösten. Mit $1/4$ l Wasser ablöschen, salzen und 10 Minuten köcheln lassen, bis die Flüssigkeit eingekocht ist. Vom Herd nehmen, die Kräuter zugeben und noch mal abschmecken.

Etwas abkühlen lassen und mit Hilfe eines Teelöffels die Calamares zu $2/3$ füllen und zuklappen.

In einen flachen Topf dicht an dicht legen und mit einem Teller beschweren, damit die Füllung beim Kochen nicht herausquillt.

$1/8$ l Wasser angießen und bei schwacher Hitze 10 Minuten köcheln lassen, dann den Herd ausschalten und 15–20 Minuten auf der Platte ziehen lassen, damit der Reis quellen kann.

Die Calamares können warm oder kalt als Vorspeise oder als Hauptgericht mit einem Salat serviert werden.

Sahanaki me midia

MUSCHELN IM PFÄNNCHEN

FÜR 4 PERSONEN

1 ¹/₂ kg Miesmuscheln
2 große Zwiebeln
1 ¹/₂ kleine Dosen Tomaten
300 g Schafkäse
je 1 Messerspitze Curry und Cayennepfeffer

Muscheln waschen, Bart, soweit vorhanden, entfernen. Muscheln in einen großen Topf geben, zu ²/₃ mit kaltem Wasser bedecken und 10 Minuten köcheln lassen. Wasser abschütten, Muscheln aus den Schalen befreien, beiseite stellen.

In der Zwischenzeit Zwiebeln schälen, würfeln und in einem Topf mit heißem Olivenöl glasig werden lassen. Gewürfelte Tomaten inklusive Saft in den Topf geben und köcheln lassen, bis die Soße eingedickt ist. Jetzt gewürfelten Schafkäse in die Soße geben und gut verrühren, bis er sich aufgelöst hat.

Mit Curry und Cayennepfeffer würzen und die Muscheln dazugeben.

Entweder in eine flache Auflaufform oder in feuerfeste Portionsschälchen geben und im auf 250 °C vorgeheizten Backofen 10 Minuten überbacken.

Mit einem Petersiliensträußchen dekorieren und heiß mit frischem Weißbrot und einem leckeren Weißwein servieren.

Oktapodi Krasato

TINTENFISCH IN WEIN

FÜR 4 PERSONEN

600 g Tintenfisch
3 große Zwiebeln
2 Knoblauchzehen
3 El Olivenöl
3 Lorbeerblätter
¹/₂ l Rotwein
1 El Tomatenmark
Pfeffer, evtl. Salz

Den Tintenfisch waschen, vorsichtig aufschneiden und das Skelettblatt sowie die Eingeweide samt Tintenbeutel herausnehmen, ohne diese zu verletzen.

Tintenfisch in einen Topf geben, bis zur Hälfte mit Wasser bedecken und zugedeckt ca. ¹/₂ Stunde köcheln lassen.

Zwiebeln in halbe Ringe schneiden, Knoblauch in dünne Scheibchen. Den Oktopus aus dem Topf nehmen und in mundgerechte Stücke schneiden. Öl in einen Topf geben, Zwiebeln und Knoblauchzehen darin glasig werden lassen. Fisch dazugeben und mit dem Wein löschen.
Tomatenmark und Lorbeerblätter dazugeben, mit Pfeffer und evtl. Salz abschmecken und ¹/₂ Stunde schmoren lassen.

Sollte es zu wenig Soße sein, diese mit etwas Fischkochsud verlängern.

Garides me salsa domatas

KRABBEN IN TOMATENSOSSE

FÜR 4 PERSONEN

500 g große tiefgefrorene Krabben ohne Schale
Olivenöl zum Anbraten
2 große Zwiebeln
2 große Knoblauchzehen
1 kleine Dose Tomaten
$^1/_8$ l Weißwein
Salz, Pfeffer
Cayennepfeffer nach Geschmack
1 Prise Currypulver
$^1/_2$ Bund Petersilie

Die Krabben auf einem Sieb langsam auftauen lassen.

Öl in einer großen Pfanne erhitzen. Zwiebeln und Knoblauchzehen schälen, fein würfeln und in der Pfanne glasig dünsten.

Mit dem Wein ablöschen und die gewürfelten Tomaten mit dem Saft aus der Dose dazugeben. Ca. 10 Minuten köcheln lassen, bis die Soße dicklich geworden und die Flüssigkeit etwas verkocht ist.

Mit Salz, Pfeffer, Cayennepfeffer und Curry kräftig würzen. Die Krabben und die gewaschene klein geschnittene Petersilie dazugeben und 5 Minuten köcheln lassen.

TIPP: In feuerfeste Portionsteller verteilt, mit einer 1 cm dicken Scheibe Schafkäse belegt und für ein paar Minuten unter einem Grill oder im heißen Backofen überbacken ergibt dies eine sehr gute Vorspeise.

Mit körnig gekochtem Reis und Salat als Beilage bilden die Krabben in Tomatensoße ein sehr leckeres Hauptgericht.

Midopilafo me Stafides ke Kukunaria

MUSCHELN MIT KORINTHEN UND PINIENKERNEN

FÜR 4 PERSONEN

1 ¹/₂ kg Miesmuscheln
2 große Zwiebeln
2 Tassen Langkornreis
5 Tassen Muschelsud
3 El Korinthen
2 El Pinienkerne
Salz, Pfeffer
Öl zum Anbraten

Muscheln gründlich waschen, vorhandenen Bart entfernen. Muscheln in einen großen Topf geben, zu ²/₃ mit kaltem Wasser auffüllen und ca. 10 Minuten kochen lassen. Muscheln abgießen, dabei den Sud auffangen.
In einen flachen Topf reichlich Öl geben und erhitzen. Zwiebeln schälen, fein würfeln und im heißen Öl glasig werden lassen. Pinienkerne und Reis dazugeben und leicht anrösten, mit dem Muschelsud ablöschen. Korinthen dazugeben, mit Salz und Pfeffer würzen und 10 Minuten köcheln lassen. Die Muscheln (bis auf 12 Stück) aus den Schalen lösen und alle in den Topf geben. Einmal umrühren und weitere 15 Minuten köcheln lassen, bis der Reis gar und die Flüssigkeit eingekocht ist.

Den Topf vom Herd nehmen, mit einem sauberen Küchenhandtuch bedecken. Topfdeckel auflegen und 10 Minuten stehen lassen, damit der Reis in Ruhe quellen kann.

Man kann das Gericht auch gut zu einem kalten Buffet reichen. Dazu werden die Muscheln mit dem gekochten Reis gefüllt, auf eine Platte dekoriert und kalt gegessen.

Oktapodi Riganato

GEKOCHTER OKTOPUS MIT OLIVENÖL, ESSIG UND OREGANO

FÜR 4 PERSONEN

1 kg frischer Oktopus
¹/₂ l Wasser
3 El Essig
Salz, Essig, Olivenöl, Oregano

Oktopus waschen, Innereien, soweit vorhanden, aus dem Körper entfernen. Oktopus in große Stücke schneiden und in einen flachen Topf geben, mit kaltem Wasser und Essig zum Kochen bringen.
Mit einem Schaumlöffel den Schaum abschöpfen, dann auf kleiner Flamme ca. 90–120 Minuten gar kochen. Ab und zu mit einer Gabel einstechen, um zu sehen, ob er gar ist.

Den Oktopus aus dem Topf nehmen, in 2 cm lange Stücke schneiden. Auf kleine Teller verteilen, mit wenig Salz, Essig und Öl beträufeln und mit Oregano bestreut als Vorspeise zum Ouzo servieren.

Man kann den Oktopus auch sehr gut einige Zeit im Kühlschrank aufheben. Dazu braucht man einen dicht schließenden Behälter oder ein Glas mit Schraubverschluss, in das man den noch warmen Oktopus mit dem Sud einfüllt und dann gut verschließt.

Marides tiganites

FRITTIERTE MARIDES (KLEINE FISCHE)

FÜR 4 PERSONEN

¹/₂ kg Marides (sehr kleine Fische)
¹/₂ Tasse Mehl
Salz, Pfeffer
Frittierfett
1 Zitrone

Die Fische vorsichtig waschen, sie werden weder geschuppt noch ausgenommen. Fische in ein Sieb legen, salzen und 30 Minuten ziehen lassen.

Fritteuse auf 160 °C aufheizen.

Die Fische mit Mehl bestäuben und in dem heißen Fett goldgelb frittieren.

Herausnehmen und mit ein paar Zitronenscheiben garniert sofort servieren. Dazu passt ein frischer Salat.

Sollte keine Fritteuse vorhanden sein, können Sie auch einen Topf mit reichlich Öl verwenden.

Midia tiganita

MUSCHELN IM TEIGMANTEL

FÜR 4 PERSONEN

6 El Mehl
2 Eier
2 El Olivenöl
4 El Milch
Salz, Pfeffer
1 kg Miesmuscheln
Frittierfett
Saft von 1 Zitrone
Zitronenscheiben und Petersilie

Für den Teig das Mehl in eine Schüssel geben. In die Mitte eine Mulde drücken und dort die Eier, das Öl, Salz und Pfeffer hineingeben und kräftig vermischen. Milch dazugeben und so lange rühren, bis ein glatter, geschmeidiger Teig entstanden ist. Jetzt den Teig ca. 30 Minuten ruhen lassen.

Die Muscheln gründlich mit viel Wasser waschen, wenn nötig bürsten und den Bart entfernen.

Muscheln in einen Topf geben, 1 l Wasser zugeben und bei geschlossenem Deckel 10 Minuten kochen lassen. Den Topf in dieser Zeit mehrmals rütteln.

Die Muscheln sind gar, wenn sich die Schalen geöffnet haben. Noch verschlossene Muscheln wegwerfen, sie sind verdorben.

Muscheln auf ein Sieb abschütten und abkühlen lassen.

Frittierfett auf 180 °C erhitzen. Muschelschalen entfernen, die Muscheln salzen, pfeffern und mit Zitronensaft beträufeln. Die Muscheln in den Teig tauchen und schwimmend goldgelb backen. Muscheln herausnehmen, auf Küchenkrepp abtropfen lassen und heiß mit Zitronenscheiben und Petersilie dekoriert servieren.

Midia me Skordo ke Lemoni

MIESMUSCHELN MIT KNOBLAUCH-ZITRONEN-SOSSE

FÜR 4 PERSONEN

1 Beutel Miesmuscheln
$^1/_2$ Tasse Wasser

4 große Knoblauchzehen
8 El Olivenöl
Saft von 1 Zitrone
Salz, Pfeffer
$^1/_2$ Bund klein geschnittene Petersilie

Muscheln mehrmals waschen, bis kein Sand mehr im Wasser zu sehen ist. Den Bart entfernen, Muscheln in einen großen Topf geben, Wasser dazugießen und zugedeckt 10–15 Minuten kochen lassen.

Muscheln aus dem Topf nehmen, abkühlen lassen.

Muscheln bis auf 12 aus der Schale nehmen und auf einem Teller beiseite stellen.

Knoblauchzehen schälen und in kleine Würfel schneiden. Öl in einem Topf warm werden lassen, Knoblauchwürfel darin glasig dünsten. Muscheln dazugeben und bei etwas stärkerer Hitze ein paar Minuten braten. Mit einem Holzlöffel vorsichtig umrühren.
Mit Zitronensaft ablöschen und mit etwas Salz und Pfeffer würzen.

Auf 4 Teller verteilen.
Die gewaschene und klein geschnittene Petersilie darüber streuen und mit frischem Weißbrot servieren.

Man kann anstelle der Petersilie auch Dill nehmen.

Oktapodi me kofto Makaronaki

GEKOCHTER OKTOPUS MIT NUDELN

FÜR 4 PERSONEN

1 kg frischer Oktopus
1/2 l Wasser
3 El Essig

2 mittelgroße Zwiebeln
Öl zum Anbraten
1 kleine Dose Tomaten
500 g Nudeln
(Hörnchennudeln oder kurze Makkaroni)
Lorbeerblatt
ca. 1 1/2 l Wasser

Oktopus waschen, in große Stücke schneiden und in einem flachen Topf mit kaltem Wasser und dem Essig zum Kochen bringen. Nach einer halben Stunde den Oktopus aus dem Topf nehmen und in 2 cm langen Stücke schneiden.

Zwiebeln schälen, fein würfeln und in einem Topf in etwas Öl glasig werden lassen. Oktopus dazugeben, kurz dünsten.

Die klein geschnittenen Tomaten mit dem restlichen Saft aus der Dose, dem Lorbeerblatt und dem Wasser in den Topf geben, mit Salz und Pfeffer kräftig abschmecken und einmal aufkochen lassen.

Die Nudeln hineingeben, umrühren, Deckel aufsetzen und ca. 25 Minuten auf kleiner Flamme köcheln lassen.

Zwischendurch noch einmal mit einem Holzlöffel umrühren.

Kann als Vorspeise für 6 Personen oder als Hauptgericht für 4 Personen mit einem Salat serviert werden.

Barbunia tiganita

GEBRATENE ROTBARBEN

FÜR 4 PERSONEN

1 kg Rotbarben
Salz, Zitronensaft
Mehl nach Bedarf
Öl zum Braten
1–2 Zitronen

Die Fische schuppen und ausnehmen (Köpfe dranlassen), waschen und mit Haushaltspapier trockentupfen. Salzen, mit ein paar Tropfen Zitronensaft beträufeln und 30 Minuten ziehen lassen.

Mehl auf einen Teller geben, die Barben darin wenden, Mehl leicht abklopfen.

In eine große Pfanne reichlich Öl geben, erhitzen und die Fische von beiden Seiten goldgelb braten.

Die Fische auf eine ovale Platte geben, mit Zitronenachteln dekorieren und heiß servieren.

Dazu gibt es einen bunten Salat und frisches Weißbrot.

Der schönste Platz am Strand von Tinos

Lachanika

Gemüse

Lachanika

GEMÜSE

Das Gemüse in der griechische Küche hat Tradition. Dabei orientieren sich Koch und Köchin an dem Angebot der Natur. Oft wird in Griechenland der Spaziergang im Grünen zum Ernten von zartem Wildgemüse genutzt. Die vegetarische Küche hat in Griechenland, schon wegen der langen Fastenzeit, eine lang andauernde Tradition. Fast 4 Monate lang darf man kein Fleisch, streng genommen auch keine Eier und Fische, essen. Natürlich hält man sich heutzutage nicht streng daran. Aber diese Bräuche haben zu einer großen Auswahl an Gemüsegerichten geführt.

Melitsanes se Saltsa

AUBERGINEN NACH GROSSMUTTERS ART

FÜR 4 PERSONEN

500 g Auberginen
Öl zum Braten
5 Knoblauchzehen
1 kleine Dose geschälte Tomaten
Salz, Pfeffer,
Zimt, Piment

Auberginen ungeschält in 1 cm dicke Scheiben schneiden, salzen und in einem Sieb ca. 30 Minuten ziehen lassen.

Knoblauchzehen schälen und in Scheibchen schneiden.

Auberginen vorsichtig ausdrücken, mit Haushaltspapier abtrocknen. In heißem Öl goldgelb braten und auf Haushaltspapier legen, damit das überflüssige Öl abtropfen kann.

Knoblauch in dem restlichen Öl glasig werden lassen und mit den gewürfelten Tomaten, dem Saft aus der Dose und ½ Tasse Wasser ablöschen.

Mit Salz, Pfeffer und je einer guten Prise Zimt und Piment kräftig abschmecken, 15 Minuten köcheln lassen.

Auberginen und die Tomatensoße schichtweise in eine Auflaufform geben und in dem auf 220 °C vorgeheizten Backofen 15 Minuten backen.

Das Gericht kann warm oder kalt als Vorspeise oder als Beilage zu Kurzgebratenem mit Weißbrot serviert werden.

Auch fürs kalte Buffet eine willkommene Bereicherung.

Manitaria me Domata

CHAMPIGNONS GRIECHISCHE ART

500 g frische kleine Champignons
2 große Zwiebeln
2 große Knoblauchzehen
6–8 El Olivenöl
1 kleine Dose Tomaten
¹/₂ Bund Petersilie
Salz, Pfeffer

Champignons putzen, evtl. waschen und auf einem Tuch trocknen lassen.

Zwiebeln und Knoblauchzehen schälen, Zwiebeln in halbe Ringe und Knoblauchzehen in Scheibchen schneiden.

Das Öl in einem flachen Topf erhitzen, die ganzen Champignons dazugeben und ein paar Minuten dünsten. Die Zwiebelringe und die Knoblauchscheibchen dazugeben und glasig werden lassen.

Tomaten würfeln und mit dem Saft in den Topf geben, mit Salz und Pfeffer würzen und ca. 20 Minuten köcheln lassen.

Nach 15 Minuten die gewaschene und grob geschnittene Petersilie dazugeben und nochmals abschmecken. Sollte die Soße noch zu dünn sein, die Flamme etwas höher stellen und die Flüssigkeit einkochen lassen.

TIPP: Das Gericht kann warm als Vorspeise mit frischem Brot, als Hauptgericht mit körnig gekochtem Reis oder als Beilage zu Kurzgebratenem serviert werden. Auch kalt schmeckt es sehr gut und bereichert jedes kalte Buffet.

Patates me Kreas Jiahni

KARTOFFELN MIT FLEISCH IM TOPF

FÜR 4 PERSONEN

1 kg Lamm-, Schweine-, Rind- oder Kalbfleisch
Butter oder Öl zum Anbraten
2 mittelgroße Zwiebeln
2 Knoblauchzehen
1 Lorbeerblatt
1 kleine Dose Tomaten oder 1 El Tomatenmark
1 kg Kartoffeln
Salz und Pfeffer

Fleisch in Portionsstücke schneiden, in heißem Fett hell anbraten. Zwiebeln und Knoblauchzehen in Scheiben schneiden, zugeben und glasig werden lassen.

Mit Wasser bedeckt schmoren (je nach Fleischsorte 60–90 Minuten), bis das Fleisch fast gar ist.

Jetzt die geschälten und in Stücke geschnittenen Kartoffeln (je nach Größe der Kartoffeln 4–8 Stücke) mit den gewürfelten Tomaten und dem Lorbeerblatt zum Fleisch geben.

Mit Salz und Pfeffer abschmecken und weitere 20–30 Minuten bei kleiner Flamme gar kochen lassen.

Wenn man Tomatenmark nimmt, muss es mit $^1/_4$ l Wasser angerührt werden.

Melitsanokeftedes

AUBERGINEN-FRIKADELLEN

FÜR 4 PERSONEN

1 kg große Auberginen
1 Ei
3 Knoblauchzehen
1 El klein geschnittene Petersilie
1 El klein geschnittenes Basilikum
1 Tasse Paniermehl
Salz, Pfeffer
Öl zum Braten

Auberginen mit einer Gabel ein paar Mal einstechen und in einem auf 200 °C vorgeheizten Backofen 45 Minuten garen (in der Mikrowelle bei 700 W ca. 10 Minuten).

Auberginen abkühlen lassen und die Schale entfernen. Das Fruchtfleisch mit einer Gabel ganz klein pürieren.

Knoblauchzehen schälen und im Mörser klein stampfen, mit dem Auberginenfleisch und den übrigen Zutaten in eine Schüssel geben und abschmecken. Sollte der Teig zu flüssig sein, noch etwas Paniermehl zugeben.

Das Öl in einer großen Pfanne erhitzen, mit Hilfe zweier Esslöffel den Teig frikadellenförmig in die Pfanne geben und langsam goldgelb backen (fast wie bei Reibekuchen).

Kurz auf Küchenpapier legen, abtropfen lassen und heiß servieren.

Jemistes Domates ke Piperies

GEFÜLLTE PAPRIKA UND TOMATEN

FÜR 4 PERSONEN

8 hellgrüne Paprikaschoten
8 mittelgroße Tomaten
500 g Hackfleisch (Rind, Schwein oder Lamm)
2 große Zwiebeln
100 g Reis
Öl zum Andünsten
$^1/_2$ Bund Petersilie
2 El getrocknete Minze
2 El frischer Dill
$^1/_4$ l Wasser
1 Tl Tomatenmark
Salz, Pfeffer
$^1/_4$ l Wasser
1 Tl Tomatenmark
etwas Salz und Pfeffer
2 El Butter

Paprika ca. 1 cm unterhalb des Stängels quer aufschneiden und das Kerngehäuse herausschneiden.

Die Tomaten genauso aufschneiden und das Fruchtfleisch mit Hilfe eines Teelöffels auslösen. Durch die flotte Lotte drehen, damit die Kerne entfernt werden. In einem Teller auffangen und beiseite stellen. Die abgeschnittenen Stücke der Tomaten und Paprika werden als Deckel benutzt.

Tomaten und Paprika mit der Öffnung nach oben in eine hohen Auflaufform dicht an dicht stellen. Backofen auf 220 °C vorheizen.

Die geschälten und klein geschnittenen Zwiebeln in einem Bratentopf in heißem Öl glasig werden lassen. Gehacktes dazugeben und leicht andünsten.

1 Tl Tomatenmark in $^1/_4$ l heißem Wasser auflösen, mit Reis, klein geschnittener Petersilie, Minze, Dill und Tomatenfruchtfleisch in den Topf geben. Mit Salz und Pfeffer kräftig abschmecken und bei kleiner Flamme zugedeckt 10 Minuten köcheln lassen. Eventuell noch etwas nachwürzen.

Die Paprika und Tomaten mit der Fleischmasse füllen und die Deckel auflegen. Das restliche Wasser mit Tomatenmark und etwas Salz und Pfeffer verrühren und über das Gemüse geben. Ein paar Butterflöckchen obenauf und in den vorgeheizten Backofen auf die mittlere Schiene schieben und in ca. 30 Minuten goldgelb backen

TIPP: Wir nehmen zum Füllen nicht, wie in Deutschland üblich, die dicken fleischigen, dunkelgrünen Paprika, sondern die hellgrünen, kleinen, runden, weil die einfach viel besser schmecken.

Genauso kann man auch Zucchini und Kartoffeln füllen. Dabei die Zucchini auf gleiche Höhe wie die Paprika schneiden und eine Scheibe als Deckel beiseite legen. Die Zucchini und die geschälten Kartoffeln werden mit Hilfe eines Teelöffels ausgehöhlt.

Anginares Konstantinopoleos

ARTISCHOCKEN AUF KONSTANTINOPELER ART

FÜR 4 PERSONEN

---

4 Artischocken
Saft von 2 Zitronen
8 kleine neue Kartoffeln
4 Frühlingszwiebeln
8 Schalotten
1 Möhre
2 El gehackten frischen Dill
1 El gehackte Petersilie
1 Tl Mondamin
Salz, Pfeffer
Öl

Die Artischocken waschen. Die Blattspitzen abschneiden, die äußeren Blätter entfernen und nur die zarten Blätter stehen lassen. Den Stiel bis auf 2 cm kürzen und die äußere harte Haut entfernen.

Das Stroh mit einem Tl aus der Mitte der Artischocken herauskratzen. Jetzt die Artischocken mit Zitronensaft einreiben, damit sie sich nicht verfärben.

Die Frühlingszwiebeln waschen und mit dem Lauch in 1 cm lange Stücke schneiden. Die Schalotten schälen. Die Möhren schaben und in $1/2$ cm dicke Scheibchen schneiden.

Öl in einem Topf nicht zu stark erhitzen, die Frühlingszwiebeln und die Schalotten kurz anbraten. Dann die Artischocken, die geschabten Kartoffeln und die Möhren dazugeben. Das Gemüse leicht mit Wasser bedecken, salzen, pfeffern und zugedeckt 10 Minuten köcheln lassen. Nun die Kräuter zugeben und noch einmal 10 Minuten köcheln lassen, bis alles gar ist.

Das Gemüse mit einem Schaumlöffel herausnehmen und auf eine Platte geben.

Die Speisestärke mit etwas kaltem Wasser verrühren und in den Gemüsesud einrühren. Noch einmal aufkochen lassen, mit Zitronensaft abschmecken und über das Gemüse geben

Das Gericht kann auch kalt gegessen werden.

Paputzakia me Patates Pure

GEFÜLLTE AUBERGINEN MIT KARTOFFELPÜREE

FÜR 4 PERSONEN

4 mittelgroße Auberginen
500 g Hackfleisch (Rind, Lamm oder Schwein)
4 große Zwiebeln
4 Knoblauchzehen
¹/₄ Bund Petersilie
1 kleine Dose Tomaten
Salz, Pfeffer, Zimt, Piment

Kartoffelpüree:
800 g mehlig kochende Kartoffeln
2 Eier
200 g Schafkäse

Kartoffeln schälen und in Salzwasser kochen. Auberginen längs halbieren und die Innenseiten der Länge nach ca. 1–2 cm tief einschneiden, salzen und 15 Minuten ziehen lassen. Danach ausdrücken, mit Haushaltspapier abtupfen und in heißem Öl goldgelb anbraten, bis sie fast gar sind. Auberginen mit der Schnittseite nach oben nebeneinander auf ein Blech oder in eine Auflaufform legen.

Zwiebeln und Knoblauchzehen fein würfeln und beides in einer großen Pfanne glasig werden lassen. Gehacktes dazugeben und braten, bis es krümelig wird.

Klein geschnittene Tomaten mit dem Saft, 5–6 El Wasser und den Gewürzen zum Gehackten geben und ca. 10 Minuten köcheln lassen. Abschmecken und die Füllung auf die Auberginenhälften verteilen.

Kartoffeln und den Schafkäse pürieren und mit den Eiern mischen, mit wenig Salz und Pfeffer abschmecken. Das Püree in einen Spritzbeutel geben und auf den Auberginenhälften verteilen.

Im vorgeheizten Backofen bei 200 °C ca. 30 Minuten backen, bis das Püree goldgelb ist. Etwas abkühlen lassen und mit Weißbrot und Salat servieren.

Imam Baildi

AUBERGINEN MIT ZWIEBELFÜLLUNG

FÜR 4 PERSONEN
---

4 mittelgroße Auberginen
500 g Zwiebeln
1 kleine Dose gewürfelte Tomaten
5 Knoblauchzehen
1 Bund Petersilie
Salz, Pfeffer, etwas Zimt
Öl zum Braten

Auberginen längs halbieren, an der Schnittseite längs ca. 1 cm tief einschneiden, salzen und ca. 10 Minuten ziehen lassen. Ausdrücken, mit Haushaltspapier abtrocknen und in einer Pfanne mit heißem Öl langsam braten bis sie goldgelb und fast gar sind. Danach auf einem Backblech mit den Schnittseiten nach oben auslegen.

Zwiebeln und Knoblauchzehen schälen, in halbe Ringe schneiden und in einer Pfanne glasig dünsten. Gewürfelte Tomaten samt Saft und der klein geschnittenen Petersilie dazugeben, mit Salz, Pfeffer und Zimt abschmecken.

10 Minuten kochen lassen, dann auf die Auberginen verteilen und im auf 200 °C vorgeheizten Backofen 30 Minuten backen.

Es kann als Hauptgericht, warm mit Brot oder kalt als Vorspeise und zum kalten Buffet gereicht werden.

Die Auberginen können auch mit Hackfleisch gefüllt werden.
Es werden folgende Zutaten benötigt:

---

300 g Hackfleisch (anbraten wie oben)
200 g Zwiebeln
2 Knoblauchzehen
1 kleine Dose Tomaten, Salz, Pfeffer, Zimt, Petersilie

Man nennt dieses Gericht *Paputsakia* (kleine Schuhe) und isst es warm mit frischem Brot.

Lahanodolmades me avgolemono

KOHLROULADEN MIT EI-ZITRONEN-SOSSE

FÜR 4 PERSONEN

1,2 kg Wirsing
500 g Hackfleisch (halb und halb)
3 mittelgroße Zwiebeln
80 g Reis
3 El Öl
$^1/_4$ Bund Petersilie
1 Tl getrocknete Minze
$^1/_2$ Bund Dill
$^1/_2$ Tasse Wasser
1 Tl Salz, Pfeffer
$^1/_4$ l Wasser
2 El Butter
$^1/_2$ Tl Salz

Für die Soße:
1 Ei, Zitronensaft von 1–2 Zitronen
(nach Geschmack)

Wirsing putzen, abspülen und den Strunk entfernen. In einen Topf mit leicht gesalzenem, kochendem Wasser geben und 15 Minuten sieden lassen. Mit einem Schaumlöffel herausnehmen und abkühlen lassen.

Blätter ablösen, die dicken Rippen entfernen. Große Blätter in der Mitte durchschneiden.

Gehacktes, Reis, klein gewürfelte Zwiebeln, Öl, klein geschnittene Petersilie, Dill, Minze und Wasser in eine Schüssel geben und mit Salz und Pfeffer kräftig abschmecken.

2 Außenblätter klein schneiden und in einen flachen Topf mit ca. 24 cm Ø geben. Die Rouladen mit der Fleischmasse füllen, aufwickeln und dicht nebeneinander kreisförmig in den Topf legen. Die zweite Schicht obendrauf, bis alle Blätter und die

Füllung verbraucht ist. Mit einem umgedrehten Teller beschweren.

Jetzt das Wasser mit $^1/_2$ Tl Salz und 2 El Butter über die Rouladen geben und gute 40 Minuten bei schwacher Hitze garen.

Für die Ei-Zitronen-Soße das Eiweiß in einem tiefen Teller zu nicht zu steifem Schnee schlagen. Danach das Eigelb und den Zitronensaft unterrühren.

Topf vom Herd nehmen und den Sud der Kohlrouladen unter die Eimasse rühren. Teller aus dem Topf nehmen und die Kohlrouladen mit der Ei-Zitronen-Soße übergießen. Heiß servieren.

Lahanodolmades me domata

KOHLROULADEN MIT TOMATENSOSSE

FÜR 4 PERSONEN

1,2 kg Wirsing
500 g Hackfleisch (halb und halb)
3 mittelgroße Zwiebeln
80 g Reis
3 El Öl
1 Tl Piment
1 El Tomatenmark
4 El Wasser
1 Tl Salz, Pfeffer
$^1/_4$ l Wasser
2 El Butter
$^1/_2$ Tl Salz
$^1/_2$ Tl Tomatenmark

Wirsing putzen, abspülen und den Strunk entfernen. In einen Topf mit leicht gesalzenem, kochendem Wasser geben und 15 Minuten sieden lassen. Mit einem Schaumlöffel herausnehmen und abkühlen lassen. Blätter ablösen, die dicken Rippen entfernen.

Gehacktes, Reis, klein gewürfelte Zwiebeln, Öl, Piment, 4 El Wasser und das Tomatenmark in eine Schüssel geben und mit Salz und Pfeffer abschmecken.

2 Außenblätter klein schneiden und in einen flachen Topf mit ca. 24 cm Ø geben.

Die Rouladen mit der Fleischmasse füllen, wickeln und dicht an dicht in den Topf legen. Mit einem umgedrehten Teller beschweren.

Jetzt $^1/_4$ l Wasser mit $^1/_2$ Tl Salz, 2 El Butter und $^1/_2$ Tl Tomatenmark über die Rouladen geben und gute 40 Minuten bei schwacher Hitze gar kochen.

Heiß servieren.

Briam

ZUCCHINI, KARTOFFELN UND ZWIEBELN IM BACKOFEN

FÜR 4 PERSONEN

4 mittelgroße Zucchini
4–6 mittelgroße Kartoffeln
2 große Zwiebeln
8 El Olivenöl
1–2 El Zitronensaft
Salz, Pfeffer

Zucchini ungeschält in 1 cm dicke Scheiben schneiden.

Kartoffeln schälen und ebenfalls in gleich dicke Scheiben schneiden. Zwiebeln schälen und in halbe Ringe schneiden.

Alle Zutaten auf ein Backblech geben, gut vermischen und kräftig würzen.
Im vorgeheizten Backofen bei 200 °C 35 Minuten backen.

Kann warm zu kurz gebratenem Fleisch, Fisch oder Frikadellen gegessen werden, aber auch kalt schmeckt es sehr gut.

Fasolia–Plaki

DICKE WEISSE BOHNEN IM BACKOFEN

FÜR 4 PERSONEN

1 kg Dose dicke weiße Bohnen
4 mittelgroße Zwiebeln
2 Knoblauchzehen
je 250 g Sellerie und Möhren
1 kleine Dose Tomaten
¹/₂ Bund Petersilie
ca. 20 Sellerieblätter
Öl, Salz, Pfeffer

Zwiebeln und Knoblauchzehen schälen, Zwiebeln in halbe Ringe, Knoblauch in dünne Scheibchen schneiden und in einer große Pfanne in heißem Öl glasig werden lassen.

Möhren und Sellerie in mundgerechte Stücke schneiden und mit den zerkleinerten Tomaten (einschl. Saft), der Petersilie und den Sellerieblättern in die Pfanne geben.
Mit Salz und Pfeffer abschmecken und 10 Minuten schmoren lassen.

In der Zwischenzeit die Bohnen in einem Sieb mit kaltem Wasser abspülen, zum Gemüse geben und einmal aufkochen lassen.

Auf ein tiefes Blech geben und im vorgeheizten Backofen auf mittlerer Schiene bei 220 °C ca. 30 Minuten garen lassen.

Das Gericht kann auch kalt gegessen werden.

Dolmadakia

GEFÜLLTE WEINBLÄTTER

FÜR 6–8 PERSONEN

1–1 ¹/₂ Päckchen eingelegte Weinblätter
(je nach Größe 50–70 Stück)

Für die Füllung:
8 Frühlingszwiebeln
250 g Rundkornreis
je 2 El zerkleinerte Minze, Dill und Petersilie
Öl zum Anbraten
6 El Olivenöl
Salz, Pfeffer.
1 Zitrone
2 x ¹/₄ l warmes Wasser

Weinblätter ca. 5 Minuten in lauwarmem Wasser wässern. Frühlingszwiebeln in 1 cm Stückchen schneiden, Öl in einem Topf erhitzen und darin die Zwiebeln glasig werden lassen. Reis dazugeben und leicht rösten.

¹/₄ l warmes Wasser, Salz, Pfeffer, klein geschnittene Petersilie, Minze und Dill dazugeben und ca. 10 Minuten köcheln lassen, bis die Flüssigkeit verkocht ist.
Topf vom Herd nehmen und etwas abkühlen lassen.
Die Füllung nochmals abschmecken und dann mit dem Wickeln beginnen: Dazu nimmt man ein abgetropftes Weinblatt mit der Spitze nach unten

und mit der matten Seite nach innen, gibt 1 Tl Füllung auf das obere Viertel und wickelt dann kleine Röllchen wie auf der Zeichnung. (Dicke Stiele an den Blättern sollte man vorher abschneiden.)

Den Boden eines mittelgroßen Topfes mit etwas Öl und einigen Weinblättern bedecken.

Nun kreisförmig und dicht an dicht die Dolmadakia in den Topf legen. Mit 2–3 Zitronenscheiben (ohne Schale) belegen, das Ganze mit einem umgedrehten Teller beschweren, so dass an den Rändern 1 cm Platz bleibt. Der Teller sorgt dafür, dass die Dolmadakia beim Kochen nicht aufgehen.

Jetzt $1/4$ l warmes Wasser und 6 El Olivenöl in den Topf geben und bei schwacher Hitze ca. 25–30 Minuten köcheln lassen.

Die Dolmadakia können auch kalt gegessen werden, dazu kann man saure Sahne als Soße servieren.

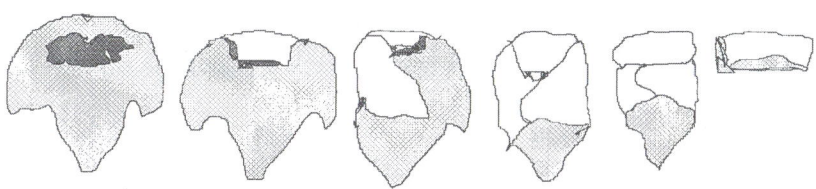

131

Dolmadakia me Kima

GEFÜLLTE WEINBLÄTTER MIT GEHACKTEM

FÜR 6 PERSONEN

ca. 70–80 frische Weinblätter oder
1–1 $^1/_2$ Päckchen eingelegte Weinblätter
(je nach Grösse 50–70 Stück)
3 große Zwiebeln
80 g Rundkornreis
$^1/_2$ l warmes Wasser
300 g Rinder- und Lammgehacktes
je 2 El getrocknete Minze und Dill
$^1/_2$ Bund Petersilie
1 Zitrone
$^1/_2$ l Wasser
2 El Butter

Für die Soße:
3–4 El Butter
2 El Mehl
$^1/_2$ l Sud aus dem Topf
1 Eigelb
1–2 El Zitronensaft
Satz, Pfeffer

Frische Weinblätter in kochendem Salzwasser blanchieren. Dabei einzeln und schnell hintereinander ca. 10 Blätter in das Wasser geben, mit einem Schaumlöffel herausnehmen und in kaltem Wasser abkühlen.

Eingelegte Weinblätter ca. 5 Minuten in lauwarmes Wasser legen, damit das Salz etwas ausgespült wird. Die Anfänge der Blattstiele mit einem scharfen Messer abschneiden und die Blätter auf den Rand eines Siebes ablegen.

Öl in einem Topf erhitzen. Zwiebeln schälen, fein würfeln und glasig anbraten, Reis dazugeben und leicht rösten.

Wasser, Salz, Pfeffer, klein geschnittene Petersilie, Minze und Dill dazugeben und ca. 10 Minuten zugedeckt köcheln lassen, bis die Flüssigkeit eingezogen ist.

Topf vom Herd nehmen, etwas abkühlen lassen und das Gehackte darunter heben; nochmals abschmecken.

Füllung abkühlen lassen und mit dem Wickeln beginnen.

Dazu nimmt man ein abgetropftes Weinblatt mit der Spitze nach unten und mit der matten Seite nach innen, gibt 1 Tl Füllung auf das obere Viertel des Blatts und wickelt dann kleine Röllchen wie auf der Zeichnung (siehe Seite 131):

Den Boden eines mittelgroßen Topfes mit etwas Öl und einigen Weinblättern bedecken.

Die Dolmadakia kreisförmig und dicht an dicht in den Topf legen. Mit 2–3 Zitronenscheiben (ohne Schale) belegen, das Ganze mit einem umgedrehten Teller beschweren, so dass an den Rändern ca. 1 cm Platz bleibt. Der Teller sorgt dafür, dass die Dolmadakia beim Kochen nicht aufgehen.

$^1/_4$ l Wasser und 2 El Butter in den Topf geben und bei schwacher Hitze ca. 25–30 Minuten köcheln lassen.

Für die Béchamel-Soße Butter in einem flachen Topf schmelzen lassen, Mehl darunter rühren und mit dem Sud der Dolmadakia löschen (bei zu wenig Sud mit etwas Wasser verlängern).

Vom Herd nehmen, Eigelb darunter rühren, mit Salz, Pfeffer und etwas Zitronensaft abschmecken. Dolmadakia auf einer ovalen Platte anrichten, die Béchamel-Soße darüber geben und warm servieren.

Anginares me Kukia

ARTISCHOCKEN MIT DICKEN BOHNEN

FÜR 4 PERSONEN

4 mittelgroße Artischocken
1 l Wasser
1 El Mehl
Saft einer Zitrone
1 ¹/₂ kg dicke Bohnen, ca. 500 g ohne Schale
oder 500 g tiefgefrorene dicke Bohnen
1 Zwiebel
300 g Möhren
300 g kleine Kartoffeln
100 g Sellerie
1 Bund Fenchelgrün oder ersatzweise Dill
4 El Olivenöl
¹/₄ l Wasser
Salz, Pfeffer

Für die Soße:
Eigelb
2 El Wasser
Saft einer Zitrone, nach Geschmack

Das Wasser mit dem Mehl und dem Zitronensaft in eine Schüssel geben und verrühren.

Die äußeren Blätter von den Artischocken entfernen und die harten Blattreste mit einem Messer abschälen, so dass die Böden übrig bleiben. Mit einem Teelöffel das Stroh von den Böden abschaben. Dann die Böden vierteln und in eine Schüssel mit Wasser geben.

Die Schalen der dicken Bohnen entfernen oder tiefgefrorene auftauen lassen.
Zwiebel schälen und würfeln.
Möhren schaben und in mundgerechte Stücke schneiden.
Kartoffeln schälen, waschen und in eine Schüssel mit Wasser legen.
Sellerie schälen und würfeln.

Öl in einem großen Bratentopf erhitzen und die Zwiebel glasig werden lassen, jetzt der Reihe nach die Möhren, den Sellerie, die abgetropften Kartoffeln und Artischocken in den Topf geben und kurz schmoren lassen. Mit ¹/₄ l Wasser ablöschen.
Das klein geschnittene Fenchelgrün oder den Dill dazugeben, mit Salz und Pfeffer würzen und bei kleiner Hitze mit geschlossenem Deckel ca. 25 Minuten köcheln lassen, bis alles gar ist.
Für die Soße die Eigelb in einen tiefen Teller geben und mit dem Wasser und dem Zitronensaft verrühren.
Topf vom Herd nehmen, mit einer Schöpfkelle etwas von dem Sud unter die Eiermasse rühren, damit sie nicht stockt, wenn sie ins Essen gegeben wird.
Die Ei-Zitronen-Soße über das Gemüse geben und vorsichtig unterrühren. Jetzt nicht mehr kochen lassen.
Das Essen soll leicht zitronig, aber nicht sauer sein.

Man kann das Ganze auch ohne Möhren, Kartoffeln und Sellerie machen, dann die doppelte Menge an Artischocken und Bohnen nehmen.

Paketakia me melitsana ke arnissio kreas

AUBERGINEN-PÄCKCHEN MIT LAMMFLEISCHFÜLLUNG

FÜR 4 PERSONEN

ca. 1 kg Lammkeule ohne Knochen
1 Zwiebel
2 Tl Tomatenmark
4 Auberginen
2 längliche Paprika
2 mittelgroße Tomaten
3 El Butter
Öl zum Braten
Salz, Pfeffer, Zucker
$^{1}/_{2}$ Bund Petersilie

Zwiebeln würfeln und in einem flachen Topf in heißer Butter glasig werden lassen.

Fleisch in 4 x 4 cm große Würfel schneiden, zu der Zwiebel geben und leicht anbraten. Mit einer Tasse Wasser löschen.

Zucker und etwas Pfeffer dazugeben, zugedeckt bei kleiner Flamme köcheln lassen. Nach ca. 30. Minuten das Tomatenmark in einer Tasse mit etwas Wasser verrühren und mit etwas Salz zum Fleisch geben.

Weiter köcheln lassen, bis das Fleisch gar und die Soße eingekocht ist.

In der Zwischenzeit die Auberginen waschen und in längliche ½ cm dicke Scheiben schneiden. An beiden Seiten salzen und 30 Minuten in einem Sieb ziehen lassen.

Danach mit Küchenpapier abtrocknen und in einer Pfanne in heißem Öl beidseitig goldgelb braten. Auf einem Teller mit Küchenkrepp beiseite stellen.

Paprika waschen und in ca. 4 cm lange Stücke schneiden.

Tomaten waschen und in 1 cm dicke Scheiben schneiden.

Jetzt geht es an die Zubereitung der Päckchen: Dazu legen wir jeweils 2 Auberginenscheiben über Kreuz auf ein Küchenbrett, geben in die Mitte ein Stück Paprika, darauf ein Stück Fleisch, wickeln es zu und legen es in eine Auflaufform. Jeweils eine Scheibe Tomate darauf legen und ein Butterflöckchen. Mit frisch gemahlenem Pfeffer pfeffern. Dann 1 Tasse Wasser in den Fleischtopf geben, kurz aufkochen lassen und anschließend die Päckchen damit begießen.

Bei 180 °C im vorgeheizten Backofen 20 Minuten backen.
Mit der gewaschenen Petersilie dekorieren.
Dazu passt Kartoffelpüree als Beilage.

Kolokithokeftedes

ZUCCHINI-FRIKADELLEN

FÜR 4 PERSONEN

500 g Zucchini
300 g Kartoffeln
200 g Zwiebeln
2 Eier
je 4 El Mehl und Paniermehl
je 2 El frische Minze und Petersilie
Salz und Pfeffer
Öl zum Braten

Zucchini waschen, Kartoffeln und Zwiebeln schälen. Alles grob in eine Schüssel reiben.

Restliche Zutaten zugeben, gut vermischen und mit Salz und Pfeffer abschmecken.

In einer große Pfanne Öl erhitzen. Mit einem Esslöffel den Teig in die Pfanne geben, etwas flachdrücken (wie bei Reibekuchen) und auf beiden Seiten goldgelb braten.

Heiß servieren!

Kann als Hauptgericht oder auch als Beilage zu Kurzgebratenem serviert werden.

136

Fischereihafen von Naussa auf Paros

137

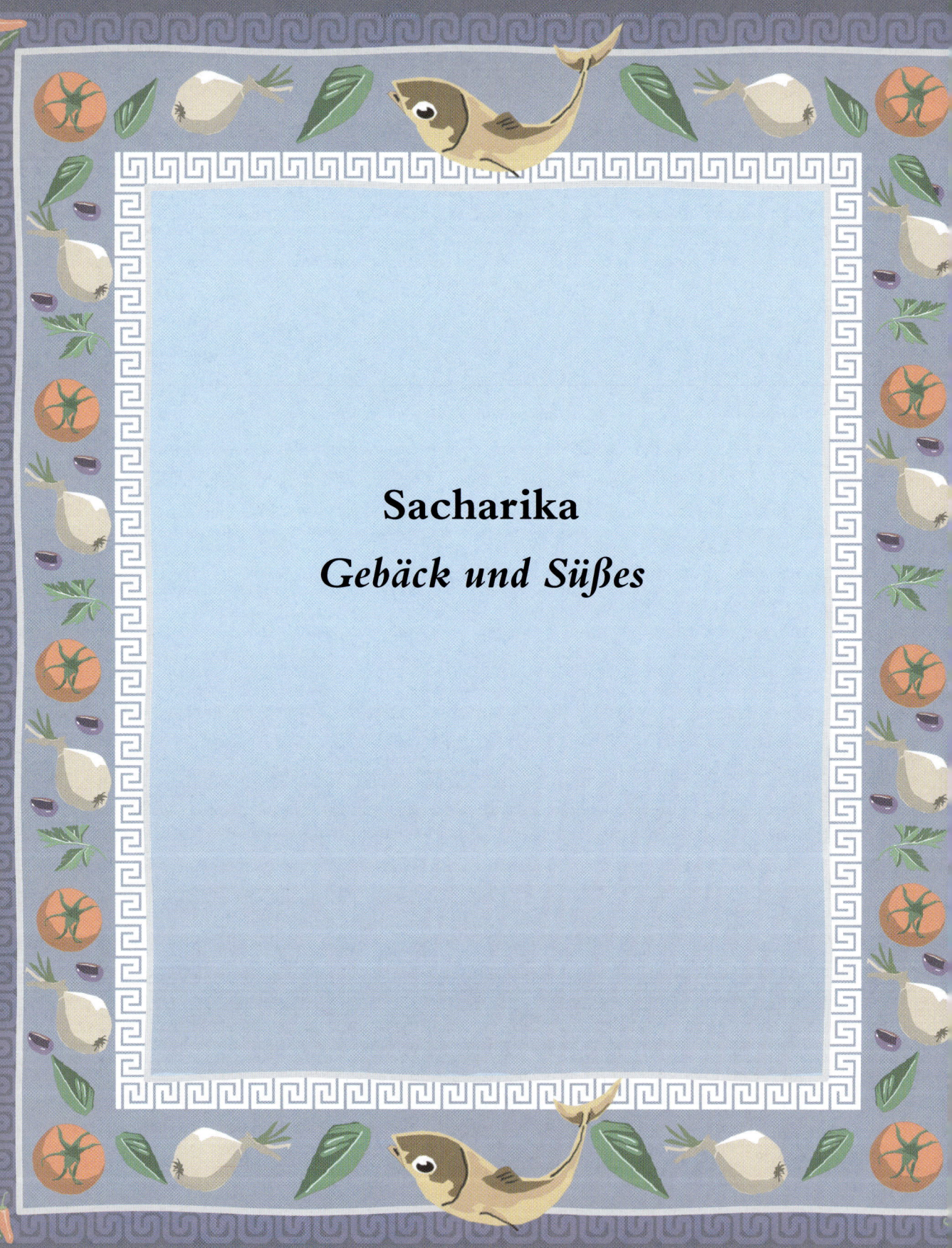

Sacharika

Gebäck und Süßes

Sacharika

GEBÄCK UND SÜSSES

Im griechischen Leben spielen die Süßigkeiten und das Gebäck eine prägende Rolle. Zu den wichtigen Festen des Jahres gibt es spezielle Festtagskuchen und Gebäcke.

Profiterol

GEFÜLLTE WINDBEUTEL MIT HEISSER SCHOKOLADE

FÜR 4 PERSONEN

Für den Brandteig (ca. 24 Windbeutel):
$^1/_8$ *l Wasser*
25 g Butter
1 Prise Salz
75 g Mehl
2–3 Eier

Für die Füllung:
$^1/_2$ *l Schokoladenpudding*
250 g Sahne

Für die flüssige Schokoladensoße:
100 g Kuvertüre
$^1/_2$ *Tasse Milch*
1 Tl Zucker
1 Päckchen Vanillinzucker
100 g zerkleinerte Pistazien

Wasser, Butter und Salz in einem breiten, flachen Topf aufkochen.
Von der Kochstelle nehmen, das Mehl auf einmal in die heiße Flüssigkeit schütten. Schnell glatt rühren, so dass sich keine Klümpchen bilden. Topf auf die Kochstelle setzen und bei geringer Hitze so lange rühren, bis sich ein Kloß bildet. Wenn sich am Topfboden eine weiße Haut abgesetzt hat, ist der Teig richtig. Topf vom Herd nehmen und das erste Ei in den Kloß rühren.

5 Minuten abkühlen lassen und dann die übrigen Eier unterrühren. Je nach Größe der Eier genügen auch 2. Der Teig soll stark glänzen und in dicken Zapfen am Löffel hängen.

Backblech mit Backpapier auslegen. Teig mit Hilfe eines Spritzbeutels zu haselnussgroßen Hauben spritzen.

Im vorgeheizten Backofen bei 200 °C ca. 35 Minuten hell backen. In den ersten 20 Minuten den Backofen nicht öffnen, sonst fällt das Gebäck zusammen!

In der Zwischenzeit den Schokoladenpudding laut Packungsaufschrift herstellen, abkühlen lassen und in die aufgeschnittenen abgekühlten Windbeutel füllen.

Den Rest des Puddings in Glasschälchen füllen, darauf die Windbeutel verteilen. Die gesamte geschlagene Sahne mit einem Spritzbeutel in die Zwischenräume spritzen.

Kurz vor dem Servieren die im Wasserbad gelöste Kuvertüre mit der warmen Milch, dem Zucker und dem Vanillinzucker gleichmäßig verrühren und über die Windbeutel und die Sahne geben.

Mit 1 El zerkleinerten Pistazien garniert servieren.

Barbara

Am Tag der heiligen Barbara am 4. Dezember ist es in Nordgriechenland üblich, dass jede Hausfrau dieses Dessert kocht und es in der Nachbarschaft verteilt.

FÜR 4 PERSONEN

250 g ganzer Weizen oder Sechskorn
1 ½ l Wasser
80 g Zucker
je 75 g Feigen und Rosinen
2 El Mehl
2 Äpfel
80 g Walnüsse
1 Tl Zimt
2 El Zucker

Weizen oder Sechskorn in einen Topf mit kaltem Wasser geben und über Nacht quellen lassen.

Am nächsten Tag so lange köcheln, bis alles gar ist. Dann geviertelte Feigen, Rosinen und Zucker zugeben und weitere 15 Minuten köcheln lassen.

In einem anderen Topf Mehl etwas anrösten, von der Kochstelle nehmen und 1 Suppenkelle von dem Sud darunter rühren, so dass eine dicke Creme entsteht. Diese in den Topf mit den Körnern geben. Jetzt das Ganze in Portionsschälchen füllen.

Zerkleinerte Walnüsse, Zimt und Zucker miteinander mischen. Äpfel schälen, in Scheibchen schneiden und dekorativ in den Schälchen verteilen. Nun mit dem Walnuss-Zucker-Zimt-Gemisch bedecken. Kalt werden lassen und servieren.

Milo ke Portokali me zahari ke Kanela

APFEL- UND APFELSINENSCHEIBEN MIT ZIMT UND ZUCKER

FÜR 4 PERSONEN

3 mittelgroße Äpfel (Cox Orange oder Boskop)
3 Apfelsinen
2–3 El Zucker
reichlich Zimt

Äpfel und Apfelsinen schälen und in 1 cm dicke Scheiben schneiden, bei den Äpfeln vorher das Kerngehäuse herausschneiden.

Auf eine Platte schuppenartig abwechselnd eine Apfel- und eine Apfelsinenscheibe legen.

Mit Zucker und Zimt bestreuen und servieren.

Man kann es auch sehr gut 1-2 Stunden vorher zubereiten und mit Frischhaltefolie zugedeckt im Kühlschrank ziehen lassen.

TIPP: In Griechenland wird dieses Gericht als Nachtisch oder abends zu Wein oder Spirituosen gereicht.

Galaktobureko me simigdali

GRIESSPUDDING IM BLÄTTERTEIG

FÜR 4 PERSONEN

$^1/_2$ l Milch
70 g Grieß
125 g Zucker
1 Päckchen Vanillinzucker
1 Tl Butter oder Margarine
1 Prise Salz
3 Eier
$^1/_8$ l Orangensaft
125 g geschmolzene Margarine
500 g griechischer Krustenblätterteig
$^1/_2$ Tasse Wasser

Puderzucker zum Bestreuen
Zimt

Milch mit 1 Tl Fett zum Kochen bringen, vorsichtig den Grieß unterrühren, Vanillinzucker und Salz zugeben und bei kleiner Flamme unter ständigem Rühren köcheln lassen, bis die Flüssigkeit aufgesogen ist. Vom Herd nehmen und abkühlen lassen, ab und zu umrühren, damit sich keine Haut bildet.

Die Eier mit dem Zucker in einer großen Schüssel schaumig schlagen, den Orangensaft dazugeben, unterrühren und mit der abgekühlten Grießmasse verrühren.

Die Hälfte der Krustenblätterteigblätter einzeln mit der geschmolzenen Margarine bepinseln und in eine 20 x 30 cm große, gefettete Auflaufform legen. Die Blätter sollten über die Form hinausragen.
Nun die Grießmasse darüber geben und gut verteilen.

Die übrigen Blätter des Krustenblätterteigs genau in der Größe der Auflaufform zuschneiden. Zuerst ein mit Margarine bepinseltes Blatt über die Grießmasse legen und die überhängenden Blätter nach innen falten. Nun die restlichen Blätter mit Margarine bepinseln und aufeinander legen, bis alle verbraucht sind.

Mit einem scharfen Messer die oberen 3–4 Blätter rautenförmig einschneiden (nicht bis zur Masse schneiden). Restliche Butter mit Wasser darüber verteilen.

In die Mitte des auf 180 °C vorgeheizten Backofens geben und 30 Minuten backen. Nach 15 Minuten den Kuchen mit einem Stück Backpapier bedecken und weiterbacken. Den Kuchen aus dem Ofen nehmen, etwas abkühlen lassen.

Mit dem Messer durchschneiden, dick mit Puderzucker und etwas Zimt bestreuen, lauwarm servieren.

Diples

FETTGEBÄCK MIT HONIG UND WALNÜSSEN

FÜR 4 PERSONEN

300 g Mehl
1 Tl Backpulver
3 Eier
2 El Zucker
2 El Metaxa
1 Päckchen Vanillinzucker
1 Prise Salz
2 El Öl

Sirup:
1 Tasse Wasser
1 Tasse Honig
1 Zimtstange
Saft von 1 Zitrone

300 g Walnüsse

Die Eier mit dem Zucker gut schaumig rühren, Metaxa, eine Prise Salz und Vanillinzucker zugeben und gut verrühren.

Mehl mit Backpulver gut mischen und unter die Ei-Zucker-Mischung rühren. Jetzt das Öl unterkneten, es muss ein glatter, fester Teig werden. 60 Minuten im Kühlschrank ruhen lassen.

Kleine Stücke vom Teig auf einer bemehlten Arbeitsfläche dünn ausrollen und mit dem Zackenroller in Rauten von 4 x 6 cm ausschneiden.

Die Fritteuse auf 150 °C aufheizen, die Teigstücke einlegen und auf jeder Seite ca. 2 Minuten goldgelb backen. Mit einem Schaumlöffel herausnehmen und auf Küchenpapier legen.

In der Zwischenzeit für den Sirup alle Zutaten in einen kleinen Topf geben und 5 Minuten kochen lassen.

Das Gebäck schichtweise auf eine Platte geben, mit Sirup begießen und mit den grob gehackten Walnüssen bestreuen.

Man kann den Teig auch in 2 x 10 cm lange Streifen schneiden, knoten und dann im Ofen bei 150 °C backen. Noch heiß dick mit Puderzucker bestreuen.

Risogalo

REISPUDDING

FÜR 4 PERSONEN

1 l Milch
1 Tasse Milchreis
1 ¹/₂ Tassen Zucker
1 Beutel Puddingpulver (Vanille)
2 Eigelb
2 Päckchen Vanillinzucker
2 Tassen Wasser
Zimt

Wasser aufkochen, Reis hineingeben und 15 Minuten kochen lassen. Die Milch da-zugeben und einmal aufkochen. Jetzt den Zucker, den Vanillinzucker und das mit etwas kaltem Wasser verrührte Puddingpulver hinzugeben.

Auf kleiner Flamme köcheln lassen, bis eine cremige Konsistenz erreicht ist. Ab und zu umrühren.

Den Topf vom Herd nehmen und die mit 2–3 El Wasser verrührten Eigelb vorsichtig unterrühren.

In Portionsschälchen füllen, mit Zimt phantasievoll verzieren, abkühlen lassen und servieren.

Kidonopasto

QUITTENPASTE

FÜR 4 PERSONEN

1,5 kg Quitten
750 g Honig
Saft von 1 Zitrone
250 g geschälte Mandeln
1 kräftige Prise Zimt
Branntwein (Cognac oder Birnenschnaps)

Früchte auf ein Backblech legen, in den auf 200 °C vorgeheizten Backofen schieben und 40–50 Minuten garen.

Die gegarten Früchte durch die flotte Lotte drehen und mit Honig und Zitronensaft mischen.

Die Masse in einen Topf geben und bei schwacher Hitze unter ständigem Rühren ca. 15–30 Minuten köcheln lassen. Mit Zimt und Alkohol nach Geschmack abschmecken, in Gläser mit Schnappverschlüssen füllen und sofort verschließen.

Baklava

BLÄTTERTEIG MIT WALNÜSSEN, HONIG UND ZIMT

FÜR 4 PERSONEN

300 g griechischer Krustenblätterteig (gefroren)
ca. 500 g Walnussöl und Sonnenblumenöl

Füllung:
500 g Walnüsse
100 g Mandeln
100 g Zucker
1 Tl Zimt

Sirup:
1 kg Zucker
1 l Wasser
1 Zimtstange
5–6 Nelken
Saft von 1 Zitrone

Nüsse zerkleinern und mit Zucker und Zimt mischen.

Eine hohe Auflaufform von ca. 25 x 35 cm einfetten.
Blätterteig langsam auftauen lassen und in der Größe der Form zuschneiden.

6 Blätter, jeweils mit Öl einfetten, in die Form legen. Das 6. Blatt mit einer ca. $^1/_2$ cm dicken Schicht der Nussmischung belegen.

Dann abwechselnd 2 Blätterteigblätter und 1 Lage Nussfüllung im Wechsel schichten, bis die Füllung verbraucht ist.

Mit 6 Blätterteigblättern beenden. Nicht das Einfetten vergessen!

Restliches Fett darüber geben und das Ganze mit einem scharfen Messer rautenförmig in ca. 5 x 5 cm große Stücke bis unten durchschneiden.

Mit 2 El Wasser beträufeln und bei 180 °C ca. 60 Minuten goldgelb backen.

In der Zwischenzeit die Zutaten für den Sirup in einen Topf geben und ca. 30 Minuten kochen lassen, bis der Sirup etwas eingedickt ist.

Kuchen aus dem Backofen nehmen, etwas abkühlen lassen und den noch warmen Sirup darüber gießen.

Gut durchziehen lassen, am besten über Nacht, und kalt servieren.

PS: Kann im Kühlschrank länger aufbewahrt werden.

Tsorekia

HEFEZÖPFE

FÜR 4 PERSONEN

500 g Mehl
1 Würfel Hefe (42 g)
125 g Zucker
1/8 l Milch
80 g Margarine
2 Eier
1 Prise Salz
2 Stücke gemahlene Mastix
je 1 Tl gemahlene Gewürze
(Kakule und Mahlemi)
10 geschälte Mandeln

Mehl in eine Schüssel geben und in der Mitte eine Mulde eindrücken. Die Hefe in die lauwarme Milch bröseln, 1/2 Tl Zucker dazugeben, gut verrühren und in die Mehlmulde geben, mit etwas Mehl bedecken.

Mit einem sauberen Küchentuch zudecken und an einem warmen Ort 30 Minuten gehen lassen (in der Mikrowelle 10 Minuten bei 90 Watt).

Eier mit Zucker und weicher Butter mit dem Mixer ca. 5 Minuten schlagen. Dann Salz und Gewürze dazugeben und mit den Knethaken des Mixers in den Hefeteig kneten, bis ein geschmeidiger Teig daraus geworden ist.

Aus der Schüssel nehmen und auf einer bemehlten Arbeitsfläche gut durchkneten. Wieder in die Schüssel geben und 30 Minuten gehen lassen. Danach den Teig wieder kneten. Sollte der Teig kleben, eine kleine Menge Mehl dazugeben, lieber etwas geschmolzene Butter zum Kneten verwenden.

Jetzt den Teig in 6 Teile teilen und zwei Zöpfe formen.

Auf ein mit Backpapier ausgelegtes Blech legen, mit den geschälten Mandeln dekorieren und mit einem mit etwas Wasser verrührten Eigelb bestreichen. Noch mal 30 Minuten gehen lassen und bei 180 °C 30–45 Minuten backen.

Sollten die Zöpfe gegen Ende der Backzeit zu dunkel werden, mit einem Blatt Backpapier bedecken.

Mit einem spitzen Messer oder einem Holzspieß einmal einstechen. Sollte beim Herausziehen noch Teig daran kleben, noch etwas weiterbacken.

Krema Karamelle

GRIECHISCHER KARAMELLPUDDING

FÜR 4 PERSONEN

1 l Milch
1 Prise Salz
125 g Zucker
6 Eier
2 Eigelb

Eier, Eigelb und ¼ l Milch in eine Schüssel geben und mit dem Schneebesen kräftig verrühren.

Restliche Milch mit einer Prise Salz zum Kochen bringen.

Zucker in einer Pfanne unter ständigem Rühren schmelzen. Sobald der Zucker goldbraun ist, vom Herd nehmen.

Die heiße Milch mit der Eiermilch verrühren und in den flüssigen Zucker rühren.

Bei schwacher Hitze und unter ständigem Rühren köcheln lassen, bis eine cremige Masse entstanden ist.

In Portionsschälchen füllen, kalt werden lassen und servieren.

Sesti Kombosta

HEISSER WINTERFRUCHT-SALAT

FÜR 4 PERSONEN

300 ml Wasser
1 El Honig
1 Zimtstange
4 Nelken
1 El Zitronensaft
je 2 Quitten und Boskop- oder Cox-Orange-Äpfel
je 4 Trockenpflaumen und Aprikosen
25 g Sultaninen
1 El griechischer Cognac (Metaxa)

Honig, Wasser, Gewürze, Zitronensaft und Trockenobst in einen Topf geben und bei mittlerer Hitze 5 Minuten köcheln lassen.

Die Quitten schälen, in dünne Scheibchen schneiden und in den Topf geben. Weitere 10 Minuten kochen lassen.

Zum Schluss die geschälten, entkernten und in Scheibchen geschnittenen Äpfel in den Topf geben und bissfest kochen.

Vom Herd nehmen, etwas abkühlen lassen und mit dem Cognac abschmecken.

In Portionsschalen geben und evtl. mit einem Klecks Sahne servieren.

Frutosalata me mavrodafni

OBSTSALAT MIT MAVRODAFNE-WEIN

FÜR 4 PERSONEN

Schale einer unbehandelten Zitrone
2 Bananen
je 100 g blaue und grüne kernlose Trauben
250 g Erdbeeren
1 Apfelsine
1/4 frische Ananas
1 El Zucker
Saft von 1 Zitrone
1/8 l Mavrodafne-Wein (süßer griechischer Wein,
dem Portwein ähnlich)

Die Hälfte der unbehandelten Zitrone dünn abschälen und die Schale in Streifchen schneiden.
Bananen schälen und in 1 cm dicke Stücke schneiden. Trauben und Erdbeeren waschen und ab-trocknen lassen. Die Trauben halbieren, die Erdbeeren je nach Größe evtl. vierteln.
Apfelsinen und Ananas schälen und in mundgerechte Stücke schneiden.

Alles in eine große Schüssel geben und mit Zucker, Zitronensaft und Wein vorsichtig verrühren.

Bis zum Servieren im Kühlschrank zugedeckt mindestens 2 Stunden ziehen lassen.

Peponi me Santigi

HONIGMELONE MIT HONIGSAHNE

FÜR 4 PERSONEN

1 gut gekühlte, reife Honigmelone
1 Becher süße Sahne
1 Päckchen Vanillinzucker
1 El Honig
4 El gehackte Haselnüsse

Melone achteln, Kerne entfernen und aus der Schale lösen. Haselnüsse in einem kleinen Pfännchen goldgelb rösten.

3 El der Sahne in einer Tasse mit dem Honig verrühren. Den Vanillinzucker zu der restlichen Sahne geben und mit dem Mixer fast steif schlagen. Die Honigsahne hinzufügen und alles so lange schlagen, bis die Sahne ganz steif ist.

Je zwei Melonenscheiben auf einen Teller legen, mit einem Klecks Honigsahne und den Haselnüssen dekoriert servieren.

Ahladia ston Furno

HEISSE BIRNEN

FÜR 4 PERSONEN

4 frische Birnen
oder 8 Birnenhälften aus der Dose
4 Tl Butter
100 g Erdbeergelee
100 ml Rotwein
Saft von ¹/₂ Zitrone
100 g Mandelscheibchen

Eine Auflaufform mit Fett einpinseln. Birnen schälen, halbieren, Kerngehäuse herausschneiden und mit der Schnittseite nach unten in die Form legen.

Zitronensaft, Erdbeergelee und Rotwein in einer kleinen Schüssel miteinander mischen und über die Birnen geben.

In den auf 180 °C vorgeheizten Backofen geben und 30 Minuten backen (Birnen aus der Dose brauchen nur die Hälfte der Zeit). Ab und zu mit dem Saft begießen.

5 Minuten vor Beendigung der Backzeit die Mandeln darüberstreuen und goldgelb werden lassen.

Der Nachtisch kann warm oder kalt serviert werden.

Halwas me Karidia spitikos

GRIESSKUCHEN MIT WALNÜSSEN IM TOPF

FÜR 4 PERSONEN

1 Tasse Sonnenblumenöl
2 Tassen grober Grieß
2 Tassen Zucker
3 ³/₄ Tassen warmes Wasser
1 Tasse grob gehackte Walnüsse
Zimt

Fett in einen Topf geben und heiß werden lassen. Grieß zugeben und mit einem Holzlöffel ständig rühren, bis der Grieß eine schöne goldgelbe Farbe bekommen hat.

Zucker und Wasser in einen kleinen Topf geben und rühren, bis der Zucker geschmolzen ist.

Den Topf mit dem Grieß vom Herd nehmen und vorsichtig das Wasser-Zucker-Gemisch unterrühren. Topf wieder auf die Flamme stellen und bei mittlerer Hitze köcheln lassen. Dabei ständig umrühren, bis das ganze Wasser verkocht ist.

Jetzt Walnüsse unterheben, das Ganze in eine Kuchenform geben und erkalten lassen.

Auf eine Kuchenplatte stürzen, mit Zimt bestreuen und servieren.

Wasilopita

NEUJAHRSKUCHEN

Der Neujahrskuchen ist eine der schönsten und ältesten Traditionen Griechenlands. Er wird in der Neujahrsnacht vom Oberhaupt der Familie aufgeschnitten und verteilt.

Geschnitten wird über Kreuz zuerst in 4 Teile. Das 1. Stück ist für Gott, das 2. für den heiligen Wassili (ähnlich dem Nikolaus, aber am 1. Januar gefeiert). Das 3. Stück ist für das Haus, dann folgen Stücke für die Familienangehörigen und Gäste, oder auch für nicht anwesende Familienangehörige. Auf dem Lande wird auch ein Stück für die Felder, Olivenhaine, Wälder oder das Vieh geschnitten.

Im Neujahrskuchen befindet sich eine kleine Münze (in Ölpapier oder Alufolie eingewickelt), die vor dem Backen in den Teig gesteckt wird. Derjenige, der die Münze in seinem Stück findet, gilt als besonders glücklich im neuen Jahr. Befindet sich die Münze im Stück für das Haus, bedeutet das, dass alle Hausbewohner Glück haben werden. In den letzten Jahren ist dieser Brauch auch von griechischen Firmen, Vereinen etc. aufgegriffen worden.

FÜR 4–6 PERSONEN

225 g weiche Butter
200 g Zucker
2 Eier
6 El Orangensaft
2 El Metaxa
1 Päckchen Orangenschale
500 g Mehl
1 Tl Backpulver
1 Prise Salz
250 g ganze geschälte Mandeln
1 Eigelb zum Bestreichen

Butter schaumig rühren, Zucker löffelweise hineingeben, danach einzeln Eier, Orangenschale, Metaxa und Orangensaft einrühren.

Mehl, Backpulver und eine Prise Salz mischen und löffelweise unter die anderen Zutaten rühren.

Den Teig in eine gefettete Springform (26 cm Ø) geben.

Mit einem feuchten Löffel glatt streichen, mit Mandeln die neue Jahreszahl auf den Teig legen und mit den restlichen Mandeln den Kuchen verzieren.

Eigelb mit etwas Wasser verrühren und den Kuchen damit bepinseln.

Im vorgeheizten Backofen bei 200 °C auf mittlerer Schiene 40 Minuten backen.

Jiaurti-Zele me Rodakino

JOGHURTCREME MIT PFIRSICHEN

FÜR 12 PERSONEN

2 Beutel gemahlene weiße Gelatine
500 g Pfirsiche aus der Dose
1 kg griechischer Sahnejoghurt (10 % Fett)
80 g feiner Zucker
Schale einer unbehandelten Zitrone

Pfirsiche abtropfen lassen. Sollten es ganze Früchte sein, 2 Hälften in Spalten schneiden, den Rest in 1 x 2 cm große Stücke.

Eine Glasschüssel mit Frischhaltefolie auslegen und den Boden mit den Pfirsichhälften blumenförmig belegen.
Die Gelatine mit 10 El kaltem Wasser in einem kleinen Topf anrühren und 10 Minuten quellen lassen. Danach auf kleiner Flamme schmelzen, vom Herd nehmen und etwas abkühlen lassen.

Joghurt mit dem Zucker und der geriebenen Zitronenschale in eine Schüssel geben und mit dem Schneebesen des Mixers glatt rühren. Die etwas abgekühlte Gelatine unter die Joghurtmasse rühren.

Die Hälfte der Masse in die Glasschale mit der Pfirsichrosette geben, die Pfirsichstückchen gleichmäßig darauf verteilen, den Rest der Joghurtcreme darübergeben und glattstreichen. Mit einer Frischhaltefolie bedecken und über Nacht im Kühlschrank fest werden lassen.

Auf einen flachen Teller stürzen und die Folie abziehen. Mit einem heiß abgespülten Messer in Scheiben schneiden und auf Glastellerchen servieren.

151

Keik Portokaliu

APFELSINENKUCHEN

FÜR 6–8 PERSONEN

3 Eier
80 g Zucker
100 g Mehl
60 g Butter
1 gestrichener Tl Backpulver
1 Päckchen Orangenschale
1 Päckchen Vanillinzucker

Für den Sirup:
3 El Puderzucker
0,2 l Orangensaft
0,2 cl Orangenlikör

Für die Dekoration:
2 Orangen

Butter in einem kleinen Topf schmelzen lassen. Eier, Zucker, Vanillinzucker und Orangenschale in einer Schüssel mit dem Mixer schaumig rühren. Mehl und Backpulver mischen und gesiebt in die Ei-Zucker-Masse einrühren. Jetzt noch die Butter einrühren und den Teig in eine gefettete und bemehlte Topfkuchenform (24 cm Ø) geben.

In dem auf 180 °C vorgeheizten Backofen auf mittlerer Schiene 25–30 Minuten backen.

Für den Sirup in der Zwischenzeit den Puderzucker mit dem Orangensaft in einen kleinen Topf geben und einmal aufkochen. Vom Herd nehmen, etwas abkühlen lassen und den Orangenlikör dazugeben.

Den Kuchen aus dem Ofen nehmen, mit einem Holzstäbchen ca. 10 Mal einstechen und den Sirup über den noch heißen Kuchen gießen.

Wenn der Sirup eingezogen ist, den Kuchen auf eine große Platte stürzen und mit den geschälten und in Scheiben geschnittenen Orangen dekorieren. Die Orangen mit etwas Orangenlikör beträufeln und servieren.

Dazu passt natürlich auch Schlagsahne.

Kurabiedes

MÜRBTEIGGEBÄCK

FÜR 4–6 PERSONEN

500 g Mehl
320 g Butter
80 g Puderzucker
1 Eigelb
1 Päckchen Vanillinzucker
1 Prise Salz
entweder 80 g Mandeln mit Schale
oder ca. 40 Gewürznelken
Rosenwasser (aus der Apotheke)
250 g Puderzucker

Backofen auf 180 °C vorheizen. Die Mandeln auf ein Backblech legen, leicht anrösten, herausnehmen und abkühlen lassen.

Butter und Zucker in eine Schüssel geben und mit dem Mixer schaumig rühren, bis alles ganz weiß und cremig ist. Eigelb, Vanillinzucker, eine Prise Salz dazugeben und noch einmal durchrühren.

Jetzt das gesiebte Mehl unterrühren. Mit einem Esslöffel kleine, ca. 40 g schwere Stücke abstechen, je 3 Mandeln einarbeiten und zu halbmondförmigen Plätzchen formen.

Bei der Variante mit den Gewürznelken das Teigstück zu Bällchen formen, diese etwas flachdrücken und in die Mitte jeweils 1 Gewürznelke soweit eindrücken, dass der Kopf noch herausschaut.

Auf ein mit Backpapier ausgelegtes Blech legen und im vorgeheizten Backofen auf mittlerer Schiene ca. 20–30 Minuten hell backen.

Aus dem Ofen nehmen, mit den Fingern leicht mit Rosenwasser befeuchten und dick mit Puderzucker bestreuen.

Wenn das Gebäck abgekühlt ist, kann man es in einer Dose gut aufbewahren.

Kadaifi

KADAIFI MIT WALNÜSSEN

FÜR 4–6 PERSONEN

500 g fertiger Kadaifi-Teig (ganz feine Nudeln)
300 g fein gemahlene Walnüsse
100 g Zucker
1 Tl Zimt
1 Tasse Orangensaft
1 1/2 Tassen geschmolzene Butter oder Margarine

Für den Sirup:
3 Tassen Zucker
2 Tassen Wasser
Schale von 1 Zitrone
Saft von 1 Zitrone

Die gemahlenen Nüsse mit dem Zucker, dem Zimt und dem Orangensaft in einer Schüssel mischen.

Etwas von dem Kadaifi-Teig zu einem kleinem Rechteck ausbreiten und 1 El Nussmischung auf ein Ende legen. Den Teig walzenförmig einrollen und die Füllung fest darin umschließen, ohne dass etwas davon herausfällt.
Auf diese Weise das gesamte Material verarbeiten.

Die fertigen Rollen auf ein gefettetes hohes Backblech legen, mit der zerlassenen Butter oder Margarine bestreichen und im vorgeheizten Backofen bei 180 °C 30 Minuten backen.

Für den Sirup den Zucker, das Wasser, den Zitronensaft und die Zitronenschale in einen kleinen Topf geben und 15 Minuten kochen.
Kuchen abkühlen lassen und mit dem heißen Sirup begießen.

Ca. 2 Stunden ziehen lassen und servieren.

Jiaurti me Meli ke Karidia

JOGHURT MIT HONIG UND WALNÜSSEN

FÜR 2 PERSONEN

(für 1 Person als Zwischenmahlzeit)

250 g griechischer Sahnejoghurt
2–3 El grob gehackte oder ganze Walnüsse
2–3 El griechischer Thymian- oder Pinienhonig
(je nach Geschmack)

Sahnejoghurt in ein Glasschälchen geben, die Walnüsse und den Honig darüber verteilen, und schon ist eine köstliche und einfach herzustellende Zwischenmahlzeit fertig.

Tipp: Kann auch als Nachtisch nach einem guten Essen serviert werden. Die angegebene Menge Joghurt reicht dann für 2 Personen.

Stafidopita me Ladi

ROSINENBROT MIT ÖL

FÜR 4 PERSONEN

250 g Mehl
3 Tl Mondamin
1 gestrichener Tl Backpulver
1 Prise Salz
je 1 Tl Zimt und Nelkenpulver
¹/₈ l Öl
150 g Zucker
150 g Rosinen oder Korinthen
¹/₈ l Orangensaft
1 El geriebene Orangenschale
2 El Cognac

Mehl, Mondamin, Backpulver und die Gewürze miteinander mischen, alles in eine Rührschüssel geben und mit den Knethaken des Handrührgerätes das Öl unterkneten. Nach und nach den Zucker, die Rosinen und die übrigen Zutaten einarbeiten.

Kuchenform von 18 x 12 cm einfetten, mit Mehl bestäuben und den Teig einfüllen.

Im vorgeheizten Backofen bei 180 °C 1 Stunde backen.

Peponi me Rodakina

HONIGMELONE MIT PFIRSICHEN

FÜR 4 PERSONEN

1 reife Honigmelone
¹/₄ Tl Salz
2 große reife, feste Pfirsiche
60 g Zucker
3 El Zitronensaft
2 El Rosenwasser (aus der Apotheke)

Melone in zwei Hälften schneiden, Kerne entfernen. Mit dem Melonenausstecher oder einem kleinen Teelöffel möglichst viele Melonenbällchen ausstechen und in eine tiefe Schüssel geben.

Mit dem Saft, der sich in den Melonenhälften gesammelt hat, übergießen. Salz dazugeben und gut verrühren. Pfirsiche häuten und der Länge nach in 1 cm dicke Scheiben schneiden.

Die Pfirsichscheiben mit dem Zucker, dem Zitronensaft und dem Rosenwasser zu den Melonenbällchen geben.

Alles vorsichtig unterheben und zugedeckt ca. 2 Stunden im Kühlschrank ziehen lassen.

Revani

GRIESSKUCHEN

FÜR 4–6 PERSONEN

125 g Mehl
3 Tl Backpulver
140 g Vollkorngrieß
1 Prise Salz
6 Eier
125 g Zucker
200 g Butter
2 Päckchen Vanillinzucker
1 Päckchen Orangenschale
175 ml Orangensaft

Für den Sirup:
200 g Zucker
3 Tassen Wasser
$^1/_2$ Tasse Metaxa (Cognac)
50 g zerkleinerte Pistazien

Mehl, Backpulver, Grieß und Salz vermischen. Eier trennen. Eiweiß mit der Hälfte des Zuckers zu steifem Schnee schlagen.

Eigelb in einer anderen Schüssel mit dem restlichen Zucker, Vanillinzucker, Orangenschale und Butter cremig schlagen. Orangensaft dazugeben und gut verrühren. Mehl, Grieß und Backpulver dazugeben.

Jetzt die Eiweiß-Zucker-Masse unterrühren.

Den Teig in eine gefettete Backform (ca. 20 x 30 cm, Höhe 10 cm) geben.

In den auf 175 °C vorgeheizten Backofen auf die mittlere Schiene stellen und ca. 45–60 Minuten goldgelb backen.

Danach den Kuchen aus dem Ofen nehmen, abkühlen lassen und in 5 x 5 cm große Rauten schneiden.

Zucker mit Wasser in einem kleinen Topf ca. 10 Minuten kochen lassen. Topf vom Herd nehmen, Cognac dazugeben und den Kuchen damit tränken. Wenn der Sirup eingezogen ist, auf jedem Stück etwas von den zerkleinerten Pistazien verteilen.

Mit frisch geschlagener Sahne oder Vanilleeis servieren.

Küste von Milos

Skopelos

Menüs

Ob im Alltag oder zu besonderen Feiertagen, Freude am Essen und am Genuss bestimmen rund ums Jahr das Angebot griechischer Mahlzeiten. Auch die einfachsten Gerichte werden mit Liebe und Phantasie zubereitet. Das Menü eröffnen die Vorspeisen, dazu zählen auch eine Suppe und ein Salat, ersatzweise einige aufgeschnittene Tomaten, Gurken und im Ganzen gereichte, geputzte Frühlingszwiebeln oder geschälte, geviertelte runde Zwiebeln. Dann folgt ein Hauptgericht mit Fleisch, Fisch oder nur mit Gemüse – durch die zahlreichen Fastentage im griechisch-orthodoxen Kirchenjahr kennt die griechische Küche eine Vielzahl vegetarischer Hauptgerichte. Als Dessert kommen immer Früchte auf den Tisch, entweder geschält, in Stücke geschnitten und hübsch arrangiert oder ganze Früchte auf einer Platte zum Selbstschälen oder als Kompott. Den Abschluss bildet ein Tässchen starker griechischer Mokka. Auch an Festtagen mit besonderem Traditionsgebäck wird oft nach dem Essen davon probiert. Frisches Wasser als Getränk zu den Mahlzeiten steht immer auf dem Tisch. Dazu gesellen sich – vor allem am Abend, wenn die Arbeit getan ist – je nach Geschmack Retsina, ein einfacher Landwein, Ouzo, der mit Wasser verdünnt getrunken wird, oder Bier. Qualitätsweine aus den verschiedenen Regionen des Landes genießt man zu besonderen Anlässen, wenn Gäste kommen oder zu festlichen Mahlzeiten.

Glossar

Glossar

A la Spetsiotá:
Garen von Fisch im Ofen wie auf der Insel Spetses.

Agriochorta:
Im Freien gesammeltes Wildgemüse.

Amyntäon:
Weinanbaugebiet in Makedonien, mit meist trockenen Rotweinen aus Negoska- und Xinomavro-Reben.

Archanes:
Weinanbaugebiet auf Kreta bei Heraklion, mit trockenen und halbtrockenen Qualitätsweinen aus der roten Kotsifali- und Maridilaria- sowie der weißen Vilana-Rebe.

Avgotarachon:
Auch Taramas, Kaviar der Meeräsche, für Taramósalata, die Fischrogenpaste.

Athótiros:
Zylindrisch gepresster, kurz gelagerter, ungesalzener Käse von Kreta.

Attika:
Weinanbaugebiet Zentralgriechenlands, vor allem für trockenen Weißwein aus Savatiano- und Roditis-Trauben, aus dem auch Retsina produziert wird.

Avgolemono:
Mit verquirltem Ei und Zitronensaft werden Suppen und Saucen gebunden und verfeinert.

Baklava:
Eine orientalische Spezialität aus hauchdünnem Blätterteig mit Nüssen und Zuckersirup.

Basilikum:
Griechisch Vasilikos, „das Königliche", ein Heilkraut.

Bulgara-Jaoúrti:
Dem Geschmack nach griechischem Joghurt ähnlich.

Chalva:
Auch Halva genannt, orientalischer fester Grießpudding aus Mandeln oder Sesam, Grieß, Öl oder Butter und Zucker.

Chima:
Hauswein, den auf der Insel Kreta die Familien selber keltern.

Chylopittes:
In kleine Quadrate geschnittene Nudeln.

Dáphne:
Lorbeer; auch Weinanbaugebiet auf Kreta mit Dessertwein.

Dill:
Griechisch Änithos, frisch zum Würzen von Gemüse und Fisch sehr beliebt, aber auch typisch für Reis- und Pastetenfüllungen.

Fenchel:
Griechisch Márathos, frisches Fenchelgrün wird häufig bei Gemüse und Fischgerichten verwendet.

Feta:
Frischer Schafkäse, säuerlich, in Blöcke gepresst, in Salzlake.

Fillo-Teigblätter:
50 bis 60 cm im Durchmesser, meist sind 5 Stück (500 g) in Folie zu kaufen. Als Fertigteig gibt es sie im griechischen und türkischen Lebensmittelhandel, hier *Yufka* genannt.

Formáno:
Käsespezialität aus Epirus.

Fráoula:
Erdbeerlikör aus Zakynthos.

Glyko:
In Zuckersirup gekochte Früchte, wie Konfitüre, die in griechischen Familien zu Festen oder zur Begrüßung den Gästen auf Löffelchen mit einem Glas Wasser gereicht werden.

Goumenissa:
Das Weinanbaugebiet in Makedonien mit meist trockenen Rotweinen aus Negoska- und Xinomavro-Reben.

Gravierá:
Pikanter, halbfester oder fester Käse aus Schaf- oder Kuhmilch, Name und Art sind vom französisch/schweizerischen Gruyère/Greyerzer abgeleitet.

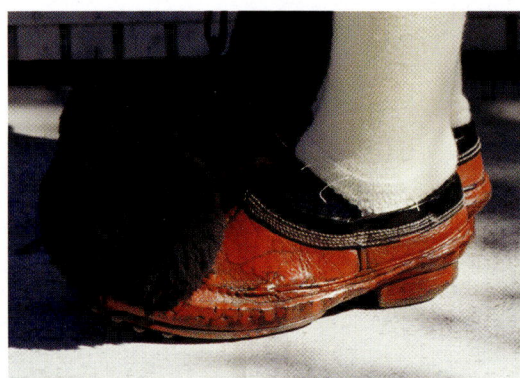

Yaourti:
Griechischer Joghurt aus Schaf- oder Kuhmilch mit 6 bis 10 % Fett i. d. Trockenmasse, besonders dick als Yaourti sakoula, im Mulltuch abgetropft.

Kafenion:
Kaffeehaus, traditioneller Männertreff zum Diskutieren.

Kafes elinikos:
Griechischer Kaffee, in kleinen Portionskännchen mit oder ohne Zucker aufgekocht.

Kalamata:
Für seine Oliven berühmtes Gebiet auf dem Peloponnes.

Kasseri:
Schnittkäse in Block- oder Laibform aus Schaf- und/oder Kuhmilch, lange gelagert pikant.

Kadaifi:
Teigfäden für Gebäck, frisch in Folie oder getrocknet. Man kann sie im Karton im türkischen oder griechischen Lebensmittelladen kaufen.

Kefalonia:
Variante des Kefalotiri, wird ähnlich verwendet.

Kefalotiri:
Fester, pikanter Rohmilchkäse aus Schaf- oder Ziegenmilch, unterschiedlich geformt und gelagert, wird zum Kochen, zum Braten und Reiben verwendet.

Kidnopasto:
Quittenpaste, eine Spezialität der ionischen Inseln.

Kitronlikör:
Spezialität von Naxos aus der Zitronatzitrone.

Kritharaki:
Reiskornförmige Nudel für Suppe und Eintopf.

Kriti:
Kreta, größte Insel Griechenlands und eines der ältesten Weinanbaugebiete im Mittelmeerraum mit den Regionen Archanes, Peza, Daphne und Sitia.

Lefkas:
Ionische Insel mit Rotwein Santa Mavra aus der Vertzami-Rebe.

Limnos:
Ägäische Insel mit trockenem, fruchtigem Prädikatswein Muskat von Limnos und Likörwein.

165

Lorbeer:
Griechisch Dáphne, Váya oder Vylláda. Die Blätter werden für Fisch, Fleisch oder Eintopf verwendet, frisch sind sie besonders aromatisch.

Loukanika:
Gewürzte Mettwürste, Spezialität aus Thrakien.

Loukoumi:
In Puderzucker gewälzte Fruchtgeleewürfel, sie schmecken besonders köstlich auf der Insel Syros.

Majiritsa:
Traditionelle Osternachtssuppe aus den Innereien des Osterlamms.

Majoran:
Griechisch Mantzouróna, wird frisch oder getrocknet wie Oregano verwendet.

Mandilaria:
Rote Rebsorte von Kreta und den ägäischen Inseln.

Mandolata:
Weißes Mandelkonfekt.

Manouri:
Frischer, schnittfester, mild gesalzener Käse, je nach Region aus Schaf-, Ziegen- oder Kuhmilch.

Mantinia:
Weinanbaugebiet Arkadiens/Peloponnes mit trockenem fruchtigem Weiß- und Schaumwein aus der Moschofilero-Rebe.

Mastix:
Harz des Mastixstrauches der Insel Chios; als Gewürz und Pharmazeutikum verwendet.

Mastos Afroditis:
Pfirsichsorte aus Mittelgriechenland, die vor allem im Bereich des Pilion gedeiht.

Mavrodaphne von Kefalonia:
Sehr schwerer und süßer Dessertwein der Insel Kefalonia.

Mavrodaphne von Patras:
Sehr schwerer und süßer Dessertwein von Patras auf dem Peloponnes.

Metaxa:
Berühmter Weinbrand. Qualitätsstufen nach Reifezeit in Eichenfässern: 5★ Classic (38 % Vol.),

7★ Amphora (40 % Vol.), Grand Olympian Reserve (40 % Vol.), Metaxa Centenary. Metaxa produziert auch Ouzo.

Metsovone kapnisto:
Leicht geräucherter Schafkäse aus Metsovo/ Epirus.

Minze:
Krause Minze, Pfefferminze, griechisch Agriodiosmos, Menta. Die Blätter werden frisch oder getrocknet zum Würzen von Reis- und Käsefüllungen genommen.

Mizíthra:
Frischkäse, meist aus Schafmilch, ungesalzen für süßes, gesalzen für herzhaftes Gebäck.

Muskat von Limnos:
Trockener Wein der Insel Limnos.

Muskat von Patras:
Dessertwein aus Patras/Peloponnes.

Naoussa:
Berühmtes Weinanbaugebiet Makedoniens mit trockenen Rotweinen aus der Xinomavro-Traube.

Nea Anchialos:
Weinanbaugebiet Thessaliens mit Weißweinen aus Savatiano- und Roditis-Reben.

Nemea:
Weinanbaugebiet auf dem Peloponnes, nahe Korinth, mit der Agiorgitiko-Rebe. Wird auch „Blut des Herkules" genannt.

Nykteri:
Rebsorte der Insel Santorin.

Orangenblütenwasser:
Essenz aus Orangenblüten zum Würzen von Gebäck, im griechischen Lebensmittelhandel oder in Apotheken erhältlich.

Rigani:
Griechisch Oregano. Es wird meist getrocknet für Fleisch- und Gemüsegerichte, aber auch gern zum Bestreuen von Salat und Feta-Käse genommen.

Ouzeria:
Kleines, einfaches Lokal, wo es Ouzo oder offenen Wein zu kalten und warmen Kanapees gibt.

Ouzo:
Aus Traubenrückständen gebrannter Schnaps mit typischem Anis-Aroma, seltener auch aus Feigen gebrannt oder mit Mastix aromatisiert.

Palamut:
Fisch aus der Familie der Pelamiden, zu denen auch die Makrele zählt.

Paros:
Kykladeninsel mit rubinrotem Wein aus der weißen Monemvassia- und der roten Mandilaria-Rebe.

Pastourma:
Luftgetrocknetes Rindfleisch mit einer dicken Gewürzkruste, mit viel Knoblauch, eine Spezialität Thrakiens und Makedoniens.

Patras:
Weinanbaugebiet auf dem Peloponnes mit Likörwein „Mavrodaphne von Patras", „Muskat von Patras" sowie Weiß- und Roséweinen mit Herkunftsbezeichnung.

Patsa:
Pansensuppe, eine deftige Winterspezialität.

Peza:
Weinanbaugebiet bei Heraklion auf Kreta mit Rotwein aus Kotsifali- und Mandilaria-Reben sowie Weißwein aus Vilana-Trauben.

Pitta:
Bezeichnung für alle Pasteten, Teigtaschen und flache Brote.

Rakiya:
Auch Tsikoudia, aus Weinrückständen gebrannter Schnaps von Kreta.

Rapsani:
Wein aus den Weinstöcken am Olymp in Thessa-

lien. Aus den roten Rebsorten Xinomavro, Krassato, und Stavroto.

Retsina:
Mit Körnchen des Pinienharzes hergestellter frischer Traditionswein, meist weiß aus Savatiano- und Roditis-Reben. In der Taverne genießt man ihn oft aus dem Fass.

Revani:
Rührkuchen aus Eiern und Grieß, mit Zuckersirup getränkt, besonders in Nordgriechenland beliebt.

Rhodos:
Dodekanes-Insel. Berühmt wegen ihrer Qualitätsweine, vor allem aus der weißen Athjriund- und der roten Amorgiano-Rebe.

Robola:
Weißwein von den ionischen Inseln, vor allem von der Insel Kefalonia.

Roditis:
Weißwein aus dem Anbaugebiet von Nea Anchialos in Thessalien aus der gleichnamigen Rebsorte.

Rosenwasser:
Essenz aus Rosenblättern für süßes Gebäck, im griechischen oder türkischen Lebensmittelhandel oder in Apotheken erhältlich.

Rosmarin:
Griechisch Dentrolivano. Die Zweige oder Blättchen werden frisch oder getrocknet zum Würzen von Backofen- und Grillgerichten verwendet.

Salbei:
Griechisch Phaskömilo, zum Würzen von Würsten verwendet, aber auch als Tee beliebt.

Samos:
Berühmtes Weinanbaugebiet mit seinem Dessertwein Muskat Samos.

Santa Mavra:
Die „heilige Schwarze", Rotwein der ionischen Insel Lefkas.

Santorin:
Weinanbaugebiet mit trockenem Weißwein aus Assyrtiko- und Nykteri-Reben und Likörwein.

Savatiano:
Weißwein aus dem Anbaugebiet Nea Anchialos in Thessalien aus der gleichnamigen Rebe.

Schwarze-Augen-Bohne:
Kleine, getrocknete weiße Bohne mit schwarzem Punkt in der Beuge.

Sitia:
Weinanbaugebiet im Osten Kretas mit gehaltvollem Rot- und fruchtigem Likörwein aus der kleinen Liatiko-Rebe.

Staviroto:
Rote Rebsorte, die vor allem im Weinanbaugebiet von Rapsani in Thessalien vorkommt.

Tapsi:
Allgemein gebräuchliches rundes Blech in verschiedenen Größen mit 5-7 cm hohem Rand zum Backen und Garen im Ofen.

Taramás:
siehe Avgotarachon

Thimári:
Griechisch Thymian, die Blättchen werden frisch oder getrocknet für Eintopf-, Fleisch- und Nudelgerichte verwendet.

Throumbes:
Schwarze, runzelige Oliven.

Trachana:
Mit unterschiedlichen Zutaten wie Getreide, Joghurt, Tomaten und Gewürzen hergestelltes Suppenmehl.

Triantafilo glyko:
Eine Löffelsüßigkeit mit Rosenblättern.

Tsakistes:
Eingelegte saure grüne Oliven.

Tsipouro:
Ein aus Weinrückständen (Konzentrat) gebrannter Schnaps, Spezialität aus Nordgriechenland.

Tsirossalata:
Kleine luftgetrocknete Makrelen, gewürzt mit Zitrone und mit Zwiebeln angerichtet. Diese Vorspeise ist eine Spezialität in Thessaloniki.

Verdea:
Weißwein der ionischen Insel Zakynthos.

Vertzami:
Dunkle Rebsorte, siehe Santa Mavra.

Vilana:
Alte kretische Rebsorte, die einen frischen, sehr fruchtigen Weißwein ergibt.

Weinanbaugebiete in Griechenland:
Amyntäon: Côtes de Meliton, Berg Athos
Makedonien: Naoussa, Goumenissa
Thessalien: Metsovo, Zitsa im Epirus; Nea Anchialos, Rapsani
Ionische Inseln: Nemea, Mantinia, Patras auf dem Peloponnes; Korfu, Lefkas, Zakynthos, Kefalonia,;
Ägäische Inseln: Samos, Limnos, Rhodos; Archanes, Peza, Daphne, Sitia auf Kreta, Santorin, Paros, Kykladen.

Weinblätter:
Blätter vom Weinstock, frisch oder in Lake haltbar gemacht. Werden zum Füllen benutzt. Es gibt sie aus dem Fass, im Glas oder in Folie zu kaufen.

Xinomavro:
Rote Rebsorte.

Yufka:
siehe Fillo.

Zakynthos:
Ionische Insel mit berühmtem Weißwein aus der Verdea-Rebe.

Register

das jüdische kochbuch
Petra Knorr

Das Griechische Kochbuch
Alexander Asprovoitos
Kiriaki Stanthriadou-Koch

DAS TÜRKISCHE KOCHBUCH
NEVIN HALICI

Länderküche
bei KOMET

DAS RUSSISCHE KOCHBUCH
PETRA KNORR

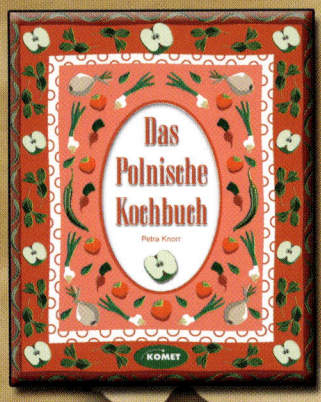

Das Polnische Kochbuch
Petra Knorr

Das Schwedische Kochbuch

Das Spanische Kochbuch
Fernando García Lopez
Petra Knorr

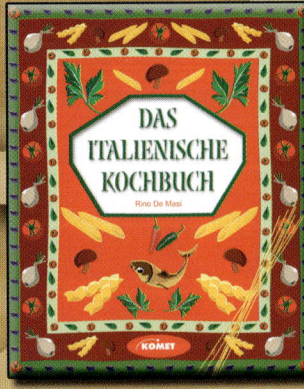

DAS ITALIENISCHE KOCHBUCH
Rino De Masi

DAS CHINESISCHE KOCHBUCH